KB124491

**ONE Books**는
네이티브가 일상에서 매일 쓰는
현지 영어만 고집합니다.

진짜
네이티브
영어회화
일상패턴

**진짜 네이티브 영어회화 일상패턴**

**초판1쇄 발행** 2020년 4월 1일
**초판2쇄 발행** 2024년 4월 16일

**지은이** 케빈 경
**펴낸곳** 원북스

**출판등록** 2019년 7월 23일 제2019-000008호
Tel 02-554-6473

ISBN 979-11-967766-0-2 13740



**내용문의** myonebooks@naver.com
**블로그** blog.naver.com/myonebooks

ONE
BOOKS

# 진짜 현지 영어회화 패턴을 소개합니다

흔히들 본토에서 자주 쓴다고 생각하는 영어표현은 실상 네이티브 스피커는 외면하는 경우가 많습니다. 예를 들어, 상대에게 펜을 빌리고 싶다고 말할 때 먼저 떠오르는 표현은 무엇인가요?

May I borrow your pen?

이 표현은 친한 사람끼리 하는 말로는 너무 딱딱합니다. 이럴 때 네이티브는 이렇게 말합니다.

Can I borrow your pen for a sec?
또는 Borrow your pen real quick?

그럼 상대는 어떻게 대답할까요? Yes, you can.이라고 말할까요?
이보다는 보통 이렇게 말할 것입니다.

Yeah. / Yep. / Sure. / Uh-huh.

아니면 아예 펜을 건네며 이렇게 말하겠죠.

Here.

이런 간단하고 캐주얼한 상황이 아니라 중요한 얘기를 하고 싶어 상대에게 말 좀 하자고 할 때는 뭐라고 말할까요?

May I talk to you?

그럴 수도 있지만 네이티브는 흔히 이렇게 말합니다.

You got a minute? 아니면 그냥 Got a minute?

그러면 상대는 이렇게 응답하겠죠.

Yeah. What's up?

이런 식의 진짜 영어로 대화를 나누려면 '영어회화의 패턴' 자체도 현지에서 쓰는 표현 위주로 습득해야 합니다. 그리고 그 표현이 실전에서 바로 입에서 나올 수 있도록 반복 연습해서 온전히 내 것으로 만들어야겠죠.

이 책에서 등장하는 회화 패턴 중에 상당 부분을 네이버 블로그에서 사전 연재했었습니다. 네이버 어학당 메인 페이지에도 고정 노출되어 많은 영어 학습자들로부터 피드백을 받을 수 있었습니다. 다양한 연령대의 학습자들이 댓글이나 메일을 통해 여러 가지 질문을 해 주셨죠. 영어 학습자들이 궁금해하는 점들과 어려워하는 점들도 알 수가 있었고, 이를 바탕으로 내용을 보다 알차게 수정할 수 있었습니다.
영어 학습자들이 저에게 주로 질문하는 것들은 어려운 고급 표현들이 아니었습니다. 오히려 어려운 표현들은 잘 아는데, 쉬운 단어로 되어 있는 간단한 표현을 잘 모르는 경우가 많았습니다. 네이티브들이 일상생활에서 정말 자주 쓰지만 학습자들은 의외로 잘 알지 못하거나 제대로 활용하지 못하는 표현들을 추려 이 책 안에서 자연스럽게 익힐 수 있도록 담았습니다. 회화 패턴뿐 아니라 실용적인 현지 영어 표현들도 학습할 수 있을 것입니다.

제가 여전히 자주 듣는 질문이 있습니다.
"어떻게 하면 영어를 잘할 수 있나요?"
이 질문을 받을 때면 저는 이렇게 말합니다.
"우선 영어에 관심을 가지고 영어를 좋아하세요. 그리고 날짜를 정해서
규칙적으로 꾸준히 배우고 반복 연습을 하는 것이 중요합니다."

**그럼 이제 '진짜 영어공부'를 시작해 볼까요?**

# 진짜 영어회화 공부법

용기내어 책에서 배운 영어 한마디를 해 봤는데, 상대방이 못 알아들어서는 안 되겠죠?
ONE Books는 오직 실전에서 통하는 실용 영어만을 알려 드립니다.
네이티브들이 자주 쓰는 회화 표현을 엄선!
책에 나온 문장 그대로 반복 연습해서 말해도 100% 통합니다.
100일 후에 영어로 말하는 모습을 떠올리며 완독까지 정주행해 보세요.
작심삼일로 끝나지 않고 Day 100까지 마무리할 수 있도록 케빈 샘의 강의를 함께 들어 보세요.

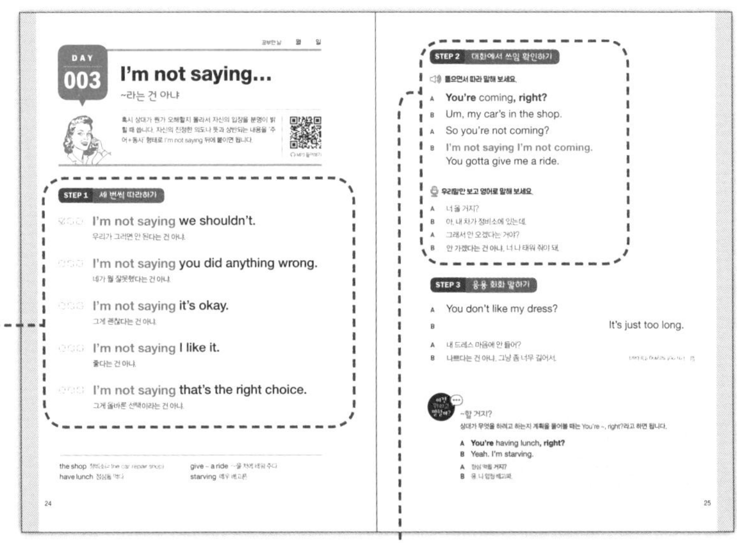

공부한 날 월 일

DAY 003

**I'm not saying...**

~라는 건 아냐

혹시 상대가 뭔가 오해할지 몰라서 자신의 입장을 분명히 밝힐 때 씁니다. 자신의 진정한 의도나 뜻과 상반되는 내용을 '주어+동사' 형태로 I'm not saying 뒤에 붙이면 됩니다.

**STEP 1** 세 번씩 따라하기

I'm not saying we shouldn't.
우리가 그러면 안 된다는 건 아냐.

I'm not saying you did anything wrong.
네가 뭘 잘못했다는 건 아냐.

I'm not saying it's okay.
그게 괜찮다는 건 아냐.

I'm not saying I like it.
좋다는 건 아냐.

I'm not saying that's the right choice.
그게 올바른 선택이라는 건 아냐.

the shop / have lunch 점심을 먹다 / give ~ a ride / starving

24

**STEP 2** 대화에서 쓰임 확인하기

들으면서 따라 말해 보세요.

A **You're** coming, **right?**
B Um, my car's in the shop.
A So you're not coming?
B I'm not saying I'm not coming. You gotta give me a ride.

우리말만 보고 영어로 말해 보세요.

A 너 올 거지?
B 아, 내 차가 정비소에 있는데.
A 그래서 안 오겠다는 거야?
B 안 가겠다는 건 아냐. 너 나 태워 줘야 돼.

**STEP 3** 응용 회화 말하기

A You don't like my dress?
B It's just too long.

A 내 드레스 마음에 안 들어?
B 나쁘다는 건 아냐. 그냥 좀 너무 길어서.

~할 거지?
상대가 무엇을 하려고 하는지 계획을 물어볼 때는 You're ~, right?라고 하면 됩니다.

A **You're** having lunch, **right?**
B Yeah. I'm starving.
A 점심 먹을 거지?
B 응. 나 엄청 배고파.

25

## STEP 1 세 번씩 따라하기

체크박스에 ✓ 표시를 하면서 세 번씩 말해 보세요. 그 다음에는 영문을 가리고 한글 해석만 보고도 영어로 말할 수 있도록 연습해 보세요. STEP 1의 문장들은 실전에서 그대로 써먹을 수 있는 표현들이니 이 문장들만큼은 꼭 반복 연습해 보세요.

## STEP 2 대화에서 쓰임 확인하기

먼저 MP3를 반복해서 들으면서 여러 번 따라 말해 보세요. STEP 2 문장 말하기에 익숙해지면 그다음에는 한글 해석만 보고 영어로 말하는 연습을 해 보세요.

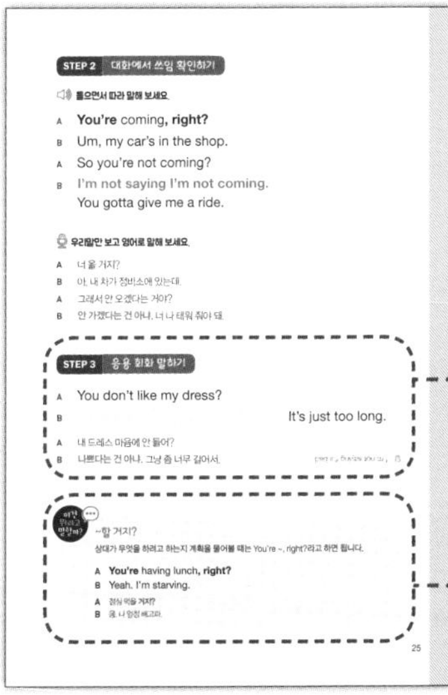

STEP 2 대화에서 쓰임 확인하기

들으면서 따라 말해 보세요.

A **You're** coming**, right?**
B Um, my car's in the shop.
A So you're not coming?
B I'm not saying I'm not coming.
You gotta give me a ride.

우리말만 보고 영어로 말해 보세요.

A 너 올 거지?
B 아, 내 차가 정비소에 있는데.
A 그래서 안 오겠다는 거야?
B 안 가겠다는 건 아냐. 너 나 태워 줘야 돼.

STEP 3 응용 회화 말하기

A You don't like my dress?
B ______ It's just too long.

A 내 드레스 마음에 안 들어?
B 나쁘다는 건 아냐. 그냥 좀 너무 길어서.

이건 뭐라고 말할까?

~할 거지?
상대가 무엇을 하려고 하는지 계획을 물어볼 때는 You're ~, right?라고 하면 됩니다.

A **You're** having lunch**, right?**
B Yeah. I'm starving.
A 점심 먹을 거지?
B 응. 나 엄청 배고파.

25

**STEP 3 응용 회화 말하기**

영문 대화를 눈으로 읽으면서 빈칸에 들어갈 말을 생각해서 책에 적어 보세요. 아래쪽에 나온 정답을 보지 않고 문장 만들기 연습을 해야 합니다. 정답을 확인한 후에는 MP3를 들으며 따라 말해 보세요.

**이건 뭐라고 말할까?**

STEP 2나 STEP 3의 대화 속에서 유용한 표현을 하나 뽑아서 설명했습니다. 네이티브들이 정말 많이 쓰는, 아주 유용한 표현들이니 놓치지 마세요.

## 이렇게 공부하세요

**MP3 듣기** 먼저 원어민 MP3를 들으면서 정확한 발음을 확인하세요.

**강의 듣기** 케빈 샘의 강의를 들으며 어떤 상황에서 쓸 수 있는 표현인지 익힙니다. 강의에서 예로 든 문장은 정말 많이 쓰는 유용한 표현이니 꼭 외워 주세요.

**본책 학습** 이제는 혼자 책을 보며 배운 표현들을 내 것으로 만드는 시간입니다. 강의 내용을 생각하면서 복습합니다.

**말하기 연습** 영어 잘하는 데에 특별한 비법이 숨겨져 있지는 않습니다. 영어회화는 영어로 말하는 연습을 많이 해 봐야 잘할 수 있습니다. 여러 번 반복해서 말하는 연습을 해 주세요.

## QR코드로 휴대폰에서 바로 듣기

휴대폰으로 책 속의 QR코드를 스캔하면 휴대폰에서 바로 MP3를 들을 수 있습니다.

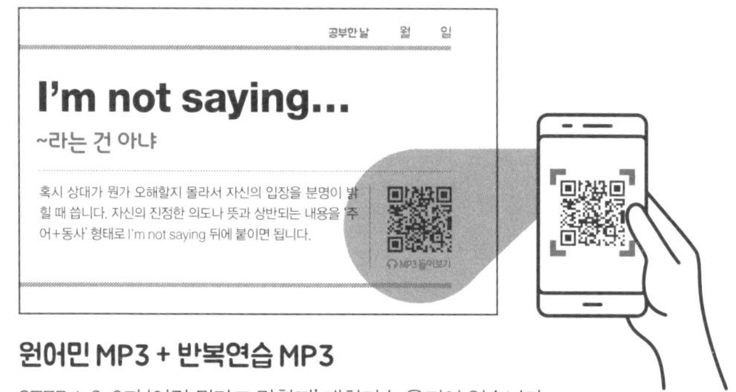


### 원어민 MP3 + 반복연습 MP3

STEP 1, 2, 3과 '이건 뭐라고 말할까' 대화가 녹음되어 있습니다. 뒷부분에는 STEP 1 문장을 한 문장씩 듣고 따라읽기 연습을 할 수 있도록 구성되어 있습니다. 세 번씩 듣고 따라 말해 보세요.

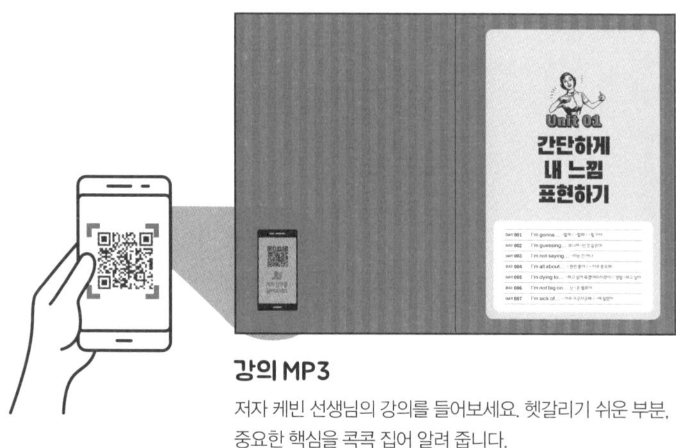


### 강의 MP3

저자 케빈 선생님의 강의를 들어보세요. 헷갈리기 쉬운 부분, 중요한 핵심을 콕콕 집어 알려 줍니다.

**팟빵에서 듣기** podbbang.com

팟빵 어플을 통해서도 강의 MP3, 원어민 MP3, 반복연습 MP3를 들을 수 있습니다. 휴대폰에 저장해서 듣고 싶으시다면 팟빵 로그인 후에 '저장' 기능을 활용하시면 됩니다.

**진짜 네이티브 영어회화** 를 검색하세요.

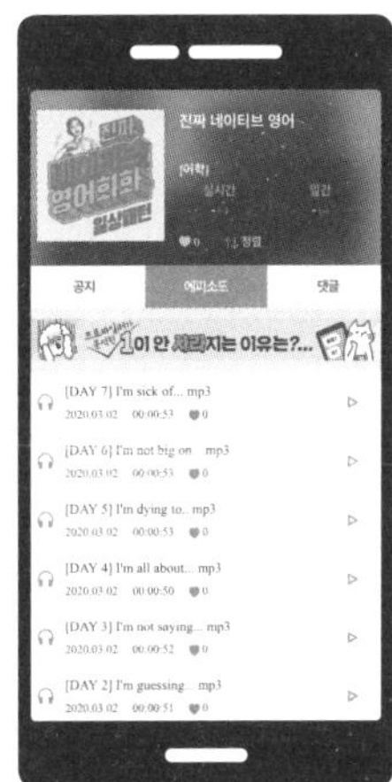

**오디오클립에서 듣기** audioclip.naver.com

복잡한 건 싫고 딱 강의 MP3만 듣고 싶다면 오디오클립에서 들어 보세요.

**PC에서 MP3 한 번에 다운받기**

ONE Books 블로그에서 MP3 압축파일을 다운받을 수 있습니다.

blog.naver.com/myonebooks

## Unit 01
## 간단하게 내 느낌 표현하기

**DAY 001** P. 20
I'm gonna...
~할게 / ~할래 / ~할 거야
공부한 날 /

**DAY 002** P. 22
I'm guessing...
보니까 ~인 것 같은데
공부한 날 /

**DAY 003** P. 24
I'm not saying...
~라는 건 아냐
공부한 날 /

**DAY 004** P. 26
I'm all about...
~ 완전 좋아 / ~ 아주 중요해
공부한 날 /

**DAY 005** P. 28
I'm dying to...
~하고 싶어 죽겠어(미치겠어)/ 정말 ~하고 싶어
공부한 날 /

**DAY 006** P. 30
I'm not big on...
난 ~은 별로야
공부한 날 /

**DAY 007** P. 32
I'm sick of...
~ 아주 지긋지긋해 / ~에 질렸어
공부한 날 /

## Unit 02
## 하고 싶던 말 쉽게 말하기

**DAY 008** P. 36
I gotta...
(나) ~해야 돼
공부한 날 /

**DAY 009** P. 38
I get to...
~할 수 있어 / ~할 거야
공부한 날 /

**DAY 010** P. 40
I knew...
~할 줄 알았어
공부한 날 /

**DAY 011** P. 42
I see that...
~하구나 / ~했구나
공부한 날 /

**DAY 012** P. 44
I just think...
그냥 ~인 것 같아
공부한 날 /

**DAY 013** P. 46
I just love -ing...
~하는 거 너무 좋아
공부한 날 /

**DAY 014** P. 48
I guess I could...
~하지 뭐
공부한 날 /

**DAY 015** P. 50
I didn't mean to...
~하려고 한 건 아니야
공부한 날 /

**DAY 016** P. 52
I was hoping...
~하길 바랐는데
공부한 날 /

**DAY 017** P. 54
I had no idea...
~일 줄 몰랐어
공부한 날 /

**Unit 03**
**조동사로 내 마음 표현하기**

DAY 018 P. 58
I can't really...
~잘 못 해
공부한 날 /

DAY 019 P. 60
I can't just...
그냥 ~할 순 없잖아
공부한 날 /

DAY 020 P. 62
I might just...
그냥 ~할까 봐
공부한 날 /

DAY 021 P. 64
I'd better...
(나) ~하는 게 좋겠어
공부한 날 /

DAY 022 P. 66
I wouldn't...
~안 하는 게 좋을걸
공부한 날 /

DAY 023 P. 68
I must've p.p.
(나) ~했나 봐
공부한 날 /

**Unit 04**
**상대방에 대해 말하기**

DAY 024 P. 72
You're saying...?
~라는 거야?
공부한 날 /

DAY 025 P. 74
You're telling me...?
~라는 말이야?
공부한 날 /

DAY 026 P. 76
You could...
~하면 되잖아
공부한 날 /

DAY 027 P. 78
You gotta admit...
~인 건 인정하자
공부한 날 /

DAY 028 P. 80
You might wanna...
~하는 게 좋을걸
공부한 날 /

DAY 029 P. 82
You do realize...?
~라는 건 알고 있지?
공부한 날 /

**Unit 05**
**궁금한 거 간단하게 물어보기**

DAY 030 P. 86
You wanna...?
~할래? / 좀 ~하면 안 돼?
공부한 날 /

DAY 031 P. 88
You think...?
~인 것 같아?
공부한 날 /

DAY 032 P. 90
You really...?
진짜 ~하니?
공부한 날 /

DAY 033 P. 92
You going to...?
(너) ~할 거야?
공부한 날 /

DAY 034 P. 94
You sure...?
(너) 정말 ~해? / ~인 게 확실해?
공부한 날 /

**Unit 06**
## 내 생각 말하기

DAY 035 P. 98
It's a little...
좀 ~하네
공부한 날 /

DAY 036 P. 100
It's just that...
그냥 ~해서
공부한 날 /

DAY 037 P. 102
It's not like...
~한 것도 아닌데 뭐
공부한 날 /

DAY 038 P. 104
It's practically...
~한 거나 마찬가지야
공부한 날 /

DAY 039 P. 106
It's supposed to be...
~하다고 하던데
공부한 날 /

**Unit 07**
## 이것저것 말하기

DAY 040 P. 110
This is why...
이래서 ~하는 거야
공부한 날 /

DAY 041 P. 112
That's pretty...
꽤 ~한데 / 정말 ~하다
공부한 날 /

DAY 042 P. 114
That must've been...
~이었겠다
공부한 날 /

DAY 043 P. 116
No one's that...
그렇게 ~한 사람이 어디 있냐?
공부한 날 /

DAY 044 P. 118
Something tells me...
왠지 ~인 거 같은데
공부한 날 /

**Unit 08**
## What으로 물어보기

DAY 045 P. 122
What...?
~라니?
공부한 날 /

DAY 046 P. 124
What happens if...?
~하면 어떻게 되지?
공부한 날 /

DAY 047 P. 126
What makes you think...?
왜 ~라고 생각해?
공부한 날 /

DAY 048 P. 128
Whatever happened to...?
~은 도대체 어떻게 된 거야?
공부한 날 /

DAY 049 P. 130
What's with...?
~은 왜 저래? / ~은 뭔데?
공부한 날 /

## Unit 09
## Who, How, Why로 물어보기


|  |  |  |  | 공부한 날 |
|---|---|---|---|---|
| DAY 050 | P. 134 | Who says...? | ~라고 누가 그래? | / |
| DAY 051 | P. 136 | Who wants to...? | 누가 ~하고 싶겠냐? | / |
| DAY 052 | P. 138 | Who would've thought...? | ~할 줄 누가 알았겠어? | / |
| DAY 053 | P. 140 | How's...? | ~은 어때? / ~은 잘 지내? | / |
| DAY 054 | P. 142 | How was...? | ~은 어땠어? | / |
| DAY 055 | P. 144 | How come...? | 왜 ~하지? | / |
| DAY 056 | P. 146 | Why don't we...? | (우리) ~하는 게 어때? | / |
| DAY 057 | P. 148 | Why not just...? | 그냥 ~하면 되잖아? | / |


## Unit 10
## 쿨하게 말하기


|  |  |  |  | 공부한 날 |
|---|---|---|---|---|
| DAY 058 | P. 152 | Let's just... | 그냥 ~하자 | / |
| DAY 059 | P. 154 | Let's not... | ~하지 말자 | / |
| DAY 060 | P. 156 | Thanks for the... | ~(해 줘서) 고마워 | / |
| DAY 061 | P. 158 | All I'm saying is... | 내 말은 ~라는 거지 | / |
| DAY 062 | P. 160 | Can't you just...? | 그냥 ~하면 안 돼? | / |
| DAY 063 | P. 162 | Don't get all... | 너무 ~하지 좀 마 | / |
| DAY 064 | P. 164 | Don't tell me... | 설마 ~한 건 아니지? | / |
| DAY 065 | P. 166 | No wonder... | 그러니까 ~하지 / 어쩐지 ~하더라 | / |
| DAY 066 | P. 168 | We should probably... | (우리) ~하는 게 좋겠는데 | / |

**Unit 11**

**딱 한 단어로 시작하기**

DAY 067 P. 172
Can't...
~ 못 하겠어 / ~이 안 돼
공부한 날 /

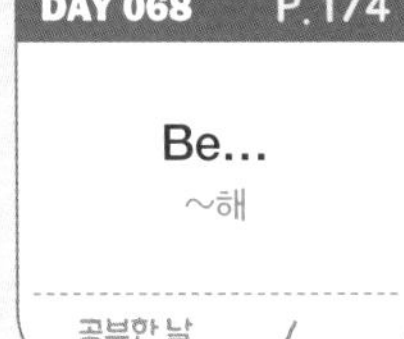
DAY 068 P. 174
Be...
~해
공부한 날 /

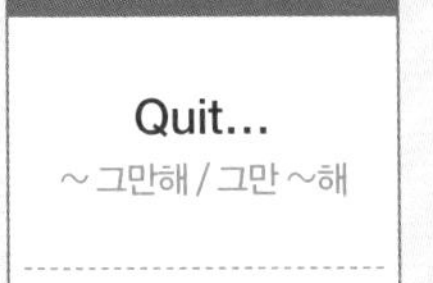
DAY 069 P. 176
Quit...
~ 그만해 / 그만 ~해
공부한 날 /

DAY 070 P. 178
Go...
(가서) ~해
공부한 날 /

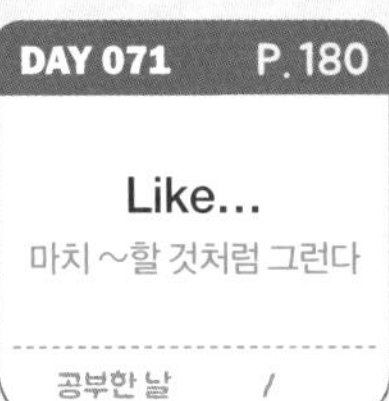
DAY 071 P. 180
Like...
마치 ~할 것처럼 그런다
공부한 날 /

DAY 072 P. 182
Nice...
~ 멋지네
공부한 날 /

**Unit 12**

**뜬금없이 동사로 시작하는 표현**

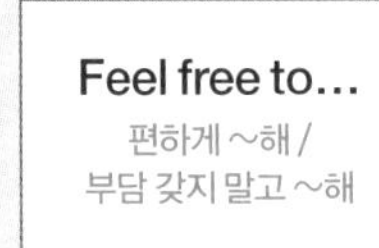
DAY 073 P. 186
Feel free to...
편하게 ~해 / 부담 갖지 말고 ~해
공부한 날 /

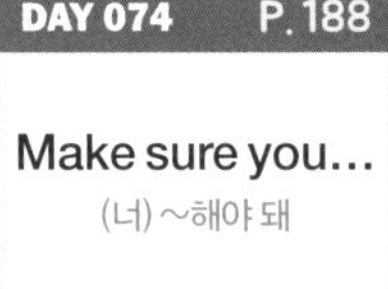
DAY 074 P. 188
Make sure you...
(너) ~해야 돼
공부한 날 /

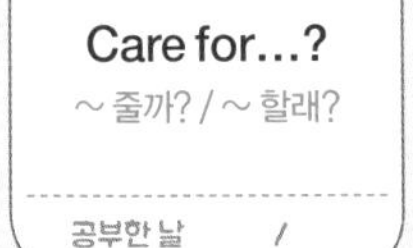
DAY 075 P. 190
Care for...?
~ 줄까? / ~ 할래?
공부한 날 /

DAY 076 P. 192
Care to...?
~해 볼래? / ~ 안 할래?
공부한 날 /

DAY 077 P. 194
Mind if I...?
(내가) ~해도 돼?
공부한 날 /

DAY 078 P. 196
Looks like I'm...
난 ~인 것 같군
공부한 날 /

DAY 079 P. 198
Sounds like...
~인 것 같은데
공부한 날 /

DAY 080 P. 200
Talk about...
~하다 정말
공부한 날 /

DAY 081 P. 202
Think about...
~을 생각해 봐
공부한 날 /

DAY 082 P. 204
Turns out...
알고 보니 ~
공부한 날 /

## Unit 13 앞에서 숨쉬고 끊어서 말하기


DAY 083 P. 208
Actually,…
사실 ~
공부한 날 /

DAY 084 P. 210
Fact is,…
실은 ~하거든
공부한 날 /

DAY 085 P. 212
Thing is,…
근데 말이야 ~ / 그게 있잖아 ~
공부한 날 /

DAY 086 P. 214
I was like, "…"
이 생각이 들더라 "~" / 이렇게 말했지 "~"
공부한 날 /

DAY 087 P. 216
Chances are,…
아마 ~할 거야 / ~할 가능성이 높아
공부한 날 /

DAY 088 P. 218
What are you, …?
네가 뭐 ~냐?
공부한 날 /

DAY 089 P. 220
For your information,…
몰라서 그런 것 같은데 ~
공부한 날 /


## Unit 14 뒤에 붙이기만 하면 끝!


DAY 090 P. 224
…, that's all.
그냥 ~해서 그래 / 그냥 ~하는 것뿐이야
공부한 날 /

DAY 091 P. 226
…, by any chance?
혹시 ~이야?
공부한 날 /

DAY 092 P. 228
…, or something.
~인가 그런가 봐
공부한 날 /

DAY 093 P. 230
…is your best bet.
~이 최선이야
공부한 날 /


## Unit 15 문장 가운데에 하고 싶은 말 넣어 보기


DAY 094 P. 234
You're…, maybe.
(너) ~한 것일 수도 있어
공부한 날 /

DAY 095 P. 236
That's… for you.
~은 원래 그래
공부한 날 /

DAY 096 P. 238
Some… you got there.
그 ~ 정말 멋진데
공부한 날 /

DAY 097 P. 240
Why… is beyond me.
왜 ~하는지 알 수가 없네
공부한 날 /

DAY 098 P. 242
How does… sound?
~ 어때?
공부한 날 /

DAY 099 P. 244
How… is that?
얼마나 ~하냐?
공부한 날 /

DAY 100 P. 246
Just…, will ya?
~ 좀 해라, 응?
공부한 날 /

저자강의를
들어보세요

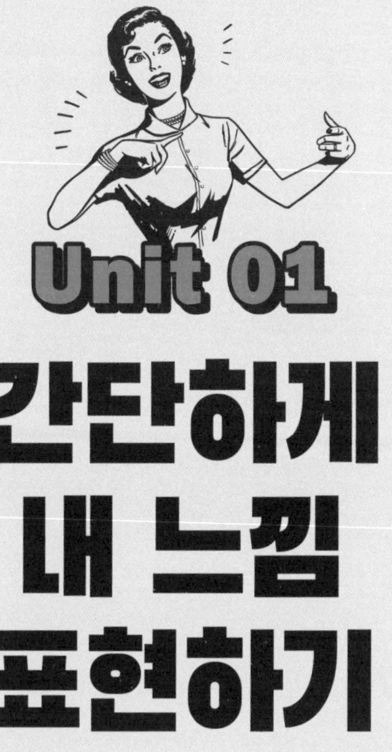

# Unit 01

# 간단하게 내 느낌 표현하기


| | | |
|---|---|---|
| DAY 001 | I'm gonna… | ~할게 / ~할래 / ~할 거야 |
| DAY 002 | I'm guessing… | 보니까 ~인 것 같은데 |
| DAY 003 | I'm not saying… | ~라는 건 아냐 |
| DAY 004 | I'm all about… | ~완전 좋아 / ~아주 중요해 |
| DAY 005 | I'm dying to… | ~하고 싶어 죽겠어(미치겠어) / 정말 ~하고 싶어 |
| DAY 006 | I'm not big on… | 난 ~은 별로야 |
| DAY 007 | I'm sick of… | ~아주 지긋지긋해 / ~에 질렸어 |

# I'm gonna...

## ~할게 / ~할래 / ~할 거야

I am going to를 확 줄인 패턴입니다. 네이티브가 일상에서 거의 매일 어김없이 사용하는 표현이죠. 내가 뭔가를 하겠다고 확실히 말할 때 씁니다. 뒤에는 동사구가 붙습니다.

MP3 들어보기

### STEP 1 세 번씩 따라하기

☑ ☐ ☐ **I'm gonna go now.**
이제 가 볼게.

☐ ☐ ☐ **I'm gonna take a day off.**
하루 쉴래.

☐ ☐ ☐ **I'm gonna eat some breakfast.**
아침 좀 먹을래.

☐ ☐ ☐ **I'm gonna ask him out.**
걔한테 데이트 신청할 거야.

☐ ☐ ☐ **I'm gonna do it right now.**
지금 당장 할 거야.

---

take a day off 하루 쉬다
level with ~에게 솔직히 말하다
take out a loan 대출받다
ask ~ out ~에게 데이트 신청하다
slim 희박한
get a promotion 승진하다

## STEP 2 대화에서 쓰임 확인하기

**들으면서 따라 말해 보세요.**

A You think we **got a shot**?

B A shot?

A Yeah, at winning the game.

B **I'm gonna level with you.**
The chances are slim.

**우리말만 보고 영어로 말해 보세요.**

A 우리 가능성 있는 것 같아?

B 가능성?

A 응, 게임 이기는 거.

B **솔직히 말할게.** 가능성은 희박하지.

## STEP 3 응용 회화 말하기

A Can you afford that?

B Nope. ______________________ take out a loan

A 그거 살 형편이 돼?

B 아니. **대출받을 거야.**

답 : I'm gonna take out a loan.

**이건 뭐라고 말할까?**

### ~할 가능성이 있다

뭔가 '~할 가능성이 있다'고 말할 때는 got a shot이 딱 맞는 표현이죠.

A I'm really hoping to get a promotion.

B I think you **got a shot**.

A 전 꼭 승진하기를 기대하는데요.

B **가능성이 있**는 것 같아요.

# I'm guessing...

## 보니까 ~인 것 같은데

나의 관점에서 과거나 현재, 미래에 대해 뭔가를 짐작하거나 추측해 볼 때 씁니다. 때로는 상대가 나의 언급을 확인해 주길 원해서 이 표현을 쓰는 경우도 있죠. 뒤에는 '주어+동사'가 붙습니다.

MP3 들어보기

**STEP 1** 세 번씩 따라하기

☑ □ □ **I'm guessing you don't know.**
보니까 너 모르는 것 같은데.

□ □ □ **I'm guessing we're going.**
보니까 우리 가는 것 같은데.

□ □ □ **I'm guessing the report's not done.**
보니까 리포트가 준비 안 된 것 같은데.

□ □ □ **I'm guessing John will call later.**
보니까 John이 나중에 전화할 것 같은데.

□ □ □ **I'm guessing you need more time.**
보니까 너 시간이 더 필요한 것 같은데.

---

be not done 완성하지 못하다
need more time 시간이 더 필요하다
curious 궁금한
later 나중에
have a boyfriend/girlfriend 남친/여친이 있다
gets one's goat ~을 열 받게 하다

## STEP 2 대화에서 쓰임 확인하기

**들으면서 따라 말해 보세요.**

A Does Patsy have a boyfriend?

B No. Why?

A Why? Oh, **just** curious.

B **I'm guessing you want Patsy's number.**

**우리말만 보고 영어로 말해 보세요.**

A Patsy 남자친구 있어?

B 아니. 왜?

A 왜냐고? 아, 그냥 궁금해서.

B **보니까 너 Patsy 전화번호 원하는 것 같은데.**

## STEP 3 응용 회화 말하기

A You know what gets my goat?

B

A 뭐가 날 열 받게 하는지 알아?

B **보니까 네가 나한테 말해 줄 것 같은데.**

답 : I'm guessing you're going to tell me.

### 그냥 ~해서

'그냥 ~해서'라고 말하고 싶다면 앞에 Just...만 붙이면 됩니다.

A Why are you singing?

B I don't know. **Just** feeling good.

A 웬 노래야?

B 몰라. **그냥** 기분 좋아서.

# I'm not saying...

~라는 건 아냐

혹시 상대가 뭔가 오해할지 몰라서 자신의 입장을 분명이 밝힐 때 씁니다. 자신의 진정한 의도나 뜻과 상반되는 내용을 '주어+동사' 형태로 I'm not saying 뒤에 붙이면 됩니다.

MP3 들어보기

## STEP 1 세 번씩 따라하기

☑ ☐ ☐ **I'm not saying** we shouldn't.
우리가 그러면 안 된다는 건 아냐.

☐ ☐ ☐ **I'm not saying** you did anything wrong.
네가 뭘 잘못했다는 건 아냐.

☐ ☐ ☐ **I'm not saying** it's okay.
그게 괜찮다는 건 아냐.

☐ ☐ ☐ **I'm not saying** I like it.
좋다는 건 아냐.

☐ ☐ ☐ **I'm not saying** that's the right choice.
그게 올바른 선택이라는 건 아냐.

---

the shop 정비소(= the car repair shop)
have lunch 점심을 먹다
give ~ a ride ~을 차에 태워 주다
starving 매우 배고픈

## STEP 2 대화에서 쓰임 확인하기

**들으면서 따라 말해 보세요.**

A **You're** coming**, right?**

B Um, my car's in the shop.

A So you're not coming?

B **I'm not saying I'm not coming.**
You gotta give me a ride.

**우리말만 보고 영어로 말해 보세요.**

A 너 올 거지?

B 아, 내 차가 정비소에 있는데.

A 그래서 안 오겠다는 거야?

B **안 가겠다는 건 아냐.** 너 나 태워 줘야 돼.

## STEP 3 응용 회화 말하기

A You don't like my dress?

B ________________ It's just too long.

A 내 드레스 마음에 안 들어?

B **나쁘다는 건 아냐.** 그냥 좀 너무 길어서.

답 : I'm not saying it's bad.

### ~할 거지?

상대가 무엇을 하려고 하는지 계획을 물어볼 때는 You're ~, right?라고 하면 됩니다.

A **You're** having lunch**, right?**

B Yeah. I'm starving.

A 점심 먹을 **거지?**

B 응. 나 엄청 배고파.

# I'm all about...

## ~ 완전 좋아 / ~ 아주 중요해

'나에게 모든 것'이라면 내가 정말 좋아하거나 아주 중요한 것이겠죠? 평소 좋아하는 것을 언급할 때나 현재 아주 중요한 일에 대해 말할 때 이 표현을 쓸 수 있습니다. 뒤에는 명사 또는 동명사가 붙습니다.

**STEP 1** 세 번씩 따라하기

☑ ☐ ☐ **I'm all about coffee.**
나 커피 **정말 좋아해.**

☐ ☐ ☐ **I'm all about superhero flicks.**
슈퍼히어로 영화 **완전 좋아하거든.**

☐ ☐ ☐ **I'm all about fairness.**
공정한 게 **매우 중요합니다.**

☐ ☐ ☐ **I'm all about playing tennis.**
테니스 치는 거 **완전 좋아.**

☐ ☐ ☐ **I'm all about taking risks.**
모험하는 거 **아주 중요하지.**

---

flick 영화
take a risk 위험을 감수하다, 모험하다
work together 함께 일하다
fairness 공정성
a chicken place 치킨 가게
catch a movie 영화를 보다

## STEP 2 대화에서 쓰임 확인하기

**들으면서 따라 말해 보세요.**

A Where do you want to go?

B How about that chicken place?

A **I'm all about chicken.** And beer.

B Beer **sounds good**.

**우리말만 보고 영어로 말해 보세요.**

A 어디 갈래?

B 그 치킨집 어때?

A **치킨 완전 좋아.** 그리고 맥주도.

B 맥주 좋지.

## STEP 3 응용 회화 말하기

A Let's work together, okay?

B Of course.

A 같이 해 보자, 알았지?

B 그래. **팀워크가 아주 중요해.**

답 : I'm all about teamwork.

### ~ 좋지

뭔가에 대해 좋은 생각이라며 동의할 때는 그 대상 뒤에 sounds good을 붙여 주면 됩니다. '그거 좋지'라고 할 때는 That sounds good.이라고 하면 되죠.

A Want to catch a movie?

B A movie **sounds good**.

A 영화 보러 갈래?

B 영화 **좋지**.

# I'm dying to...

## ~하고 싶어 죽겠어(미치겠어) / 정말 ~하고 싶어

뭔가를 매우 간절하게 하고 싶을 때 '~하고 싶어 죽겠어'라고 말하죠? 영어로도 그대로 직역해서 I'm dying to...라고 하면 됩니다. I love to...보다 더 강한 뜻을 나타내죠. 뒤에는 동사원형을 붙입니다.

MP3 들어보기

### STEP 1 세 번씩 따라하기

☑☐☐ **I'm dying to try it on.**
한번 입어 보고 싶어 죽겠어.

☐☐☐ **I'm dying to tell her off.**
걔한테 야단치고 싶어 미치겠어.

☐☐☐ **I'm dying to give it a spin.**
시운전해 보고 싶어 미치겠다.

☐☐☐ **I'm dying to read the book.**
그 책 정말 읽고 싶어.

☐☐☐ **I'm dying to hear what he has to say.**
걔가 무슨 말을 할지 정말 듣고 싶어.

---

try ~ on ~을 입어 보다
give ~ a spin ~을 시운전하다
hit the slopes 슬로프를 오르다
tell ~ off ~에게 야단치다
be almost here 거의 다가오다
payday 월급날, 지급일

## STEP 2 대화에서 쓰임 확인하기

**들으면서 따라 말해 보세요.**

A The winter season's almost here.

B **I'm dying to go skiing.**

A And **I'm dying to go snowboarding.**

B We're both dying to hit the slopes.

**우리말만 보고 영어로 말해 보세요.**

A 겨울 시즌이 거의 다가왔어.

B **스키 타고 싶어 미치겠어.**

A **난 보드 타고 싶어 미치겠다.**

B 우리 둘 다 슬로프 올라가고 싶어 미치는 거지.

## STEP 3 응용 회화 말하기

A **There's a good reason why** I'm late.

B

A 내가 늦은 데는 다 이유가 있어.

B **그거 정말 듣고 싶다.**

답 : I'm dying to hear it.

이건 뭐라고 말할까?

### ~한 데는 그만한 이유가 있어

어떤 일에 대한 나름의 이유가 있다고 말할 때는 There's a good reason why…라고 하면 됩니다. 조금 긴 표현이지만 알아두시면 아주 유용하게 쓸 수 있습니다.

A **There's a good reason why** I'm so happy.

B I know why. Today is payday.

A 내가 이렇게 기뻐**하는 데는 다 이유가 있지.**

B 나 알아. 오늘 월급날이잖아.

# I'm not big on...

## 난 ~은 별로야

사람마다 취향이 참 많이 다르죠. 각자 별로 좋아하지 않는 것들도 있기 마련입니다. 자신의 취향이 아닌 것, 별로라고 생각하는 것에 대해 말할 때 I don't like 대신 I'm not big on…을 써 보세요.

MP3 들어보기

**STEP 1 세 번씩 따라하기**

☑ ☐ ☐ **I'm not big on heavy metal.**
난 헤비메탈은 별로야.

☐ ☐ ☐ **I'm not big on action flicks.**
난 액션 영화는 별로야.

☐ ☐ ☐ **I'm not big on talkative people.**
난 말 많은 사람들은 별로야.

☐ ☐ ☐ **I'm not big on Chinese food.**
난 중국 음식은 별로야.

☐ ☐ ☐ **I'm not big on comic books.**
난 만화책은 별로야.

---

talkative 말 많은
lots of 많은
around here 여기, 이 근처
a bottle of ~한 병
I'm good. 괜찮아.(완곡한 사양의 의미)

## STEP 2 대화에서 쓰임 확인하기

**들으면서 따라 말해 보세요.**

A **You got anything to** drink**?**

B Oh, I have a bottle of wine.
French, I think.

A **I'm not big on wine.**

B Well, we got lots of beer.

**우리말만 보고 영어로 말해 보세요.**

A 뭐 마실 거 있어?

B 아, 와인 한 병 있어. 프랑스산인 것 같아.

A **난 와인은 별로야.**

B 뭐, 맥주는 많아.

## STEP 3 응용 회화 말하기

A You want some ice cream?

B No, I'm good.

A 아이스크림 좀 줄까?

B 아니, 괜찮아. **난 아이스크림은 별로야.**

답 : I'm not big on ice cream.

### 뭐 ~할 거 있어?

뭔가 할 만한 것이 있냐고 물어볼 때는 You got anything to...?라고 하면 됩니다.

A **You got anything to** read around here**?**

B I got a lot of Stephen King books.

A 여기 **뭐** 읽을 **만한 거 있어?**

B 스티븐 킹 책 많아.

# I'm sick of...

## ~ 아주 지긋지긋해 / ~에 질렸어

너무 많이 경험한 탓에 지겹다, 질렸다고 말할 때 쓰는 표현입니다. I'm sick and tired of...라고 하기도 하죠. 살짝 인상을 쓰면서 질린 대상을 뒤에 명사나 동명사 형태로 붙여서 말하면 됩니다.

MP3 들어보기

## STEP 1 세 번씩 따라하기

☑ ☐ ☐ **I'm sick of noisy people.**
시끄러운 사람들은 아주 지긋지긋해.

☐ ☐ ☐ **I'm sick of going to school.**
학교 가는 거 아주 지긋지긋해.

☐ ☐ ☐ **I'm sick of driving every day.**
매일 운전하는 거 아주 지긋지긋해.

☐ ☐ ☐ **I'm sick of them.**
걔들한테 질렸어.

☐ ☐ ☐ **I'm really sick of ramyeon now.**
이젠 라면에 정말 질렸어.

---

noisy 시끄러운
all the time 매번, 항상
go to school 학교에 가다
just kidding 그냥 농담하는

## STEP 2 대화에서 쓰임 확인하기

**들으면서 따라 말해 보세요.**

A You met my sister?

B Yeah. She's prettier than you.

A **I'm sick of hearing that all the time.**

B I'm just kidding. Dang.

**우리말만 보고 영어로 말해 보세요.**

A 너 내 동생 만났지?

B 응. 너보다 더 예쁘던데.

A **매번 그 말 듣는 거 아주 지긋지긋해.**

B 그냥 농담이야. 참나.

## STEP 3 응용 회화 말하기

A

B **Too bad.** Winter's just starting.

A **이 추위에 질렸어.**

B 참 안됐네. 겨울은 이제 시작인데.

답 : I'm sick of this cold.

### (참) 안됐다

'안됐다', '딱하다'라고 말할 때는 That's too bad. 또는 그냥 Too bad.라고 하면 됩니다.

A I don't like coffee.

B **Too bad.** That's all I have.

A 나 커피 안 좋아해.

B **안됐네.** 그거밖에 없어.

저자 강의를
들어보세요

# Unit 02

# 하고 싶던 말 쉽게 말하기


| | |
|---|---|
| DAY 008 | I gotta… (나) ~해야 돼 |
| DAY 009 | I get to… ~할 수 있어 / ~할 거야 |
| DAY 010 | I knew… ~할 줄 알았어 |
| DAY 011 | I see that… ~하구나 / ~했구나 |
| DAY 012 | I just think… 그냥 ~인 것 같아 |
| DAY 013 | I just love -ing… ~하는 거 너무 좋아 |
| DAY 014 | I guess I could… ~하지 뭐 |
| DAY 015 | I didn't mean to… ~하려고 한 건 아니야 |
| DAY 016 | I was hoping… ~하길 바랐는데 |
| DAY 017 | I had no idea… ~일 줄 몰랐어 |

DAY 008

# I gotta...

## (나) ~해야 돼

gotta는 got to를 줄인 말로, I gotta...는 뭔가를 해야 한다고 말할 때 씁니다. have to와 비슷한 말이죠. I와 gotta 중간에 '정말', '꼭'을 뜻하는 really를 넣어서 해야 할 일을 더욱 강조할 수도 있습니다. I gotta 뒤에는 동사구를 쓰면 됩니다.

MP3 들어보기

### STEP 1 세 번씩 따라하기

☑ ☐ ☐ **I gotta talk to you.**
너하고 얘기 좀 해야 되겠어.

☐ ☐ ☐ **I gotta watch this movie.**
나 이 영화 봐야 되거든.

☐ ☐ ☐ **I gotta take my mom to the airport.**
엄마를 공항에 모셔다 드려야 돼.

☐ ☐ ☐ **I really gotta eat something.**
정말 뭐 좀 먹어야 돼.

☐ ☐ ☐ **I really gotta buy one of these.**
이거 하나는 꼭 사야 되겠어.

---

take ~ to... ~을 …로 데려가다
one of these 이것 하나
stare at 뚫어지게 쳐다보다
eat something 뭐라도 먹다
take off 가다, 떠나다

## STEP 2 대화에서 쓰임 확인하기

**듣으면서 따라 말해 보세요.**

A Lunch is ready.

B **I gotta finish this book.**

A Do it after lunch.

B Ten more minutes.
**I want to know how** it ends.

**우리말만 보고 영어로 말해 보세요.**

A 점심 다 됐어.

B **난 이 책 끝내야 돼.**

A 점심 먹고 해.

B 10분만 더. 어떻게 끝나는지 알고 싶단 말이야.

## STEP 3 응용 회화 말하기

A You're leaving?

B Yeah, it's late.

take off

A 가려고?

B 응, 늦었네. **나 가 봐야 돼.**

답 : I gotta take off.

이건 뭐라고 말할까?

### 어떻게 ~하는지 알고 싶어

어떻게 하는지 방법이나 내용을 알고 싶을 때 I want to know how…라고 하면 됩니다.

A Why are you staring at that?

B **I want to know how** this works.

A 그걸 왜 그렇게 뚫어지게 쳐다보고 있어?

B **어떻게** 작동**하는지 알고 싶어**서.

DAY 009

# I get to...

## ~할 수 있어 / ~할 거야

원했던 기회를 얻게 되거나 어떤 일이 가능해졌을 때 이 표현을 써서 그것을 할 수 있게 됐다고 말할 수 있습니다. 또는 자신의 의지를 뚜렷하게 알릴 때도 쓸 수 있죠. '~해야 돼'를 뜻하는 got to와 헷갈리지 마세요. 뒤에는 동사구가 붙습니다.

MP3 들어보기

**STEP 1** 세 번씩 따라하기

☑ ☐ ☐ **I get to go.**
나 갈 수 있어.

☐ ☐ ☐ **I get to meet him.**
그분을 만날 수 있어.

☐ ☐ ☐ **I get to see you.**
널 볼 수 있어.

☐ ☐ ☐ **I get to go next.**
다음 건 내가 할 거야.

☐ ☐ ☐ **I get to sit up front.**
내가 앞에 앉을 거야.

---

go next 다음으로 가다/하다
go (to) ~ on business ~로 출장 가다
hop in the car 차에 타다
sit up front 앞쪽에 앉다
tag along 따라가다

## STEP 2 대화에서 쓰임 확인하기

**들으면서 따라 말해 보세요.**

A Hey, you look pretty excited.

B I am excited. **I get to go to Paris.**

A What? Paris? How?

B My sister's going there on business.
And she's letting me **tag along**.

**우리말만 보고 영어로 말해 보세요.**

A 야, 너 정말 신나 보인다.

B 신났지. **나 파리 갈 수 있어.**

A 뭐? 파리? 어떻게?

B 언니가 거기로 출장 가거든. 근데 내가 따라가는 거 허락했어.

## STEP 3 응용 회화 말하기

A

B This time? You drove last time, too.

A **이번엔 내가 운전할 거야.**

B 이번엔? 지난번에도 네가 운전했잖아.

답 : I get to drive this time.

**따라가다**

어딘가를 '따라가다'라고 할 때는 tag along이라고 하면 됩니다.

A Can I **tag along**?

B Sure. Hop in the car.

A 나도 **따라가**도 돼?

B 그럼. 차에 타.

DAY 010

# I knew...

## ~할 줄 알았어

짐작했던 것이 사실로 드러났을 때 쓸 수 있는 표현입니다. 뒤에는 it이나 that 같은 대명사, 또는 would나 could가 담긴 절이 옵니다. 어감을 더 살릴 수 있도록 살짝 의기양양한 어조로 말해 보세요.

MP3 들어보기

**STEP 1** 세 번씩 따라하기

☑☐☐ **I knew it.**
그럴 줄 알았어.

☐☐☐ **I knew this would work.**
이거 될 줄 알았다니까.

☐☐☐ **I knew you'd come around.**
네가 태도를 바꿀 줄 알았어.

☐☐☐ **I knew I could trust you.**
너를 믿어도 될 줄 알았어.

☐☐☐ **I knew you would say that.**
네가 그렇게 말할 줄 알았어.

---

work 되다, 성공하다
miss 그리워하다
mad 화난
come around 태도를 바꾸다
be back 돌아오다

## STEP 2 대화에서 쓰임 확인하기

**들으면서 따라 말해 보세요.**

A Dave! I thought you were in the States.

B I was. But I missed Korea.

A Right. **I knew you'd come back.**

B Well, it's good to be back.

**우리말만 보고 영어로 말해 보세요.**

A Dave! 너 미국에 있는 줄 알았는데.

B 그랬지. 근데 한국이 그리웠어.

A 그렇구나. **다시 올 줄 알았어.**

B 뭐, 돌아오니까 좋다.

## STEP 3 응용 회화 말하기

A **I'm the one who** paid last night.

B Thanks!

A 어제 저녁에 돈 낸 사람은 나야.

B **너일 줄 알았어.** 고마워!

답 : I knew it was you.

이건 뭐라고 말할까?

### ~한 사람은 나야

뭔가를 하거나 할 사람은 바로 나란 걸 강조할 때는 I'm the one who...라고 말해 보세요.

A I'm mad.

B You? **I'm the one who** should be mad.

A 나 화났어.

B 네가? 화낼 **사람은 바로 나라고.**

# I see that...

## ~하구나 / ~했구나

상황 파악이 됐을 때, 어떤 사실이나 현실이 딱 눈에 들어왔을 때 이렇게 말할 수 있겠죠. 뒤에는 '주어+동사'가 붙습니다.

MP3 들어보기

**STEP 1** 세 번씩 따라하기

☑ □ □ **I see that** you're in a good mood.
너 기분이 좋구나.

□ □ □ **I see that** I'm bothering you.
내가 널 귀찮게 하고 있구나.

□ □ □ **I see that** you don't like sports.
너 스포츠 안 좋아하는구나.

□ □ □ **I see that** it's right over there.
바로 저기 있구나.

□ □ □ **I see that** we're in trouble.
우리 큰일 났구나.

---

in a good mood 기분 좋은
right over there 바로 저기에
go out 나가다
bother 귀찮게 하다
in trouble 곤경에 빠진

## STEP 2 대화에서 쓰임 확인하기

**들으면서 따라 말해 보세요.**

A What do you feel like doing?

B Um, I don't know.

A **I see that you're tired.**
I should go.

B No, I'm good. Let's go out.

**우리말만 보고 영어로 말해 보세요.**

A 뭐 하고 싶어?

B 음, 잘 모르겠어.

A **너 피곤하구나.** 내가 가는 게 좋겠다.

B 아냐, 나 괜찮아. 밖에 나가자.

## STEP 3 응용 회화 말하기

A you two

B **We get that a lot.** Same eyes, right?

A **두 분이 자매시군요.**

B 우리 그런 말 많이 들어요. 눈이 똑같죠?

답 : I see that you two are sisters.

### 그런 말 많이 들어요

'그런 말 많이 들어요'라고 말할 때는 I get that a lot. 또는 We get that a lot.이라고 해 보세요. I hear that a lot.보다 더 일반적으로 많이 쓰는 표현입니다.

A Nice voice. You a singer?

B No. But **I get that a lot.**

A 목소리 좋네요. 가수세요?

B 아뇨. 근데 **그런 말 많이 들어요.**

# I just think...

## 그냥 ~인 것 같아

'~인 것 같아'라는 뜻의 I think...보다 좀 더 가벼운 표현이죠. 어떤 복잡한 이유 때문이 아니라 아주 간단한 이유를 대면서 자신의 의견을 제시할 때 씁니다. 뒤에는 '주어+동사'가 붙습니다.

MP3 들어보기

**STEP 1 세 번씩 따라하기**

☑☐☐ **I just think it's wrong.**
그냥 그게 잘못된 것 같아.

☐☐☐ **I just think you're pushing it.**
그냥 너 무리하는 것 같아.

☐☐☐ **I just think we should go.**
그냥 우리가 가는 게 맞는 것 같아.

☐☐☐ **I just think she hates me.**
그냥 걔가 나 싫어하는 것 같아.

☐☐☐ **I just think it's stupid.**
그냥 어리석은 것 같아.

---

push it 무리하다, 밀어붙이다
No special reason. 특별한 이유 없음.
the way to go 올바른 선택
the other one 다른 것, 아까 그거
work better 더 낫다, 더 잘 되다

## STEP 2 대화에서 쓰임 확인하기

**들으면서 따라 말해 보세요.**

A This is the red one.

B The other one is better.

A Why? **Everyone else** likes the red.

B No special reason.
**I just think blue works better.**

**우리말만 보고 영어로 말해 보세요.**

A 이게 빨간색이야.

B 다른 게 더 나아.

A 왜? 다들 빨간색을 좋아하던데.

B 특별한 이유는 없고. **그냥 청색이 더 나은 것 같아.**

## STEP 3 응용 회화 말하기

A You want to go to Saipan this year?

B Yeah. the way to go

A 올해는 사이판으로 가고 싶다고?

B 응. **그냥 그게 맞는 선택인 것 같아.**

답 : I just think that's the way to go.

**이건 뭐라고 말할까?**

### 다들 ~해

상대를 제외한 모든 사람들이 그러하다고 말할 때는 주어를 Everyone else...로 하면 됩니다.

A **Everyone else** went out to dinner.

B Then we should go, too.

A 다들 저녁 먹으러 갔어.

B 그럼 우리도 가야지.

DAY 013

# I just love -ing...

## ~하는 거 너무 좋아

뭔가를 정말 많이 좋아한다고 말할 때 쓰는 표현입니다. I like나 I love보다 더 강조하는 표현이죠. 여기서 just는 '그냥'이 아니라 '정말', '너무'라는 뜻입니다. love 뒤에는 동명사를 씁니다.

MP3 들어보기

**STEP 1** 세 번씩 따라하기

- ☑ ☐ ☐ **I just love taking selfies.**
  셀카 찍는 거 너무 좋아.

- ☐ ☐ ☐ **I just love taking walks after dinner.**
  저녁 먹고 산책하는 거 너무 좋아.

- ☐ ☐ ☐ **I just love riding my bike.**
  난 자전거 타는 게 너무 좋아.

- ☐ ☐ ☐ **I just love driving in the rain.**
  비 올 때 운전하는 거 너무 좋아.

- ☐ ☐ ☐ **I just love playing mobile games.**
  모바일 게임 하는 거 너무 좋아.

---

take a selfie 셀카 찍다
feel better 기분이 좋아지다
spend time with ~와 함께 시간을 보내다
take a walk 산책하다
make sense 일리가 있다

## STEP 2 대화에서 쓰임 확인하기

**들으면서 따라 말해 보세요.**

A You feel better?

B I do. Thanks for the advice.

A Any time. **Glad to** help.

B **I just love talking to you.**
You make a lot of sense.

**우리말만 보고 영어로 말해 보세요.**

A 기분 좀 나아졌어?

B 좋아졌어. 조언 고마워.

A 언제든지. 도움이 돼서 좋네.

B **너하고 얘기하는 거 너무 좋다.** 맞는 말을 많이 해.

## STEP 3 응용 회화 말하기

A Do you like being with me?

B Absolutely.

A 나하고 있는 거 좋아?

B 물론이지. **너랑 시간 보내는 거 너무 좋아.**

답 : I just love spending time with you.

### ~해서 좋아

뭔가 할 수 있어서 좋다고 말할 때는 Glad to…라고 하면 됩니다.
원래는 I'm glad to…인데 회화에서는 I'm을 생략하고 말하는 경우가 많습니다.

A Thanks for coming.

B **Glad to** be here.

A 와 주셔서 고마워요.

B (저도) 여기에 와**서 좋습니다.**

# I guess I could...

## ~하지 뭐

I guess I could...을 직역해 보면 '~할 수 있을 것 같아'죠? 즉 상대가 무언가를 제안하거나 요청했을 때 사실상 수락하는 겁니다. 뒤에는 동사구가 따릅니다.

MP3 들어보기

**STEP 1 세 번씩 따라하기**

- [x] [ ] [ ] **I guess I could.**
  그러지 뭐.
- [ ] [ ] [ ] **I guess I could put it on hold.**
  보류하지 뭐.
- [ ] [ ] [ ] **I guess I could be more careful.**
  더 조심하지 뭐.
- [ ] [ ] [ ] **I guess I could let you borrow this.**
  이거 너한테 빌려주지 뭐.
- [ ] [ ] [ ] **I guess I could have one more beer.**
  맥주 한 잔 더 하지 뭐.

---

put ~ on hold ~을 보류하다
one more 하나 더
a few more hours 몇 시간 더
more careful 더 조심하는
be mad at ~에게 화나다

## STEP 2 대화에서 쓰임 확인하기

**들으면서 따라 말해 보세요.**

A **What did** Avery **say?**

B **I guess I could tell you.**

A Great. Tell me.

B Avery is mad at you.

**우리말만 보고 영어로 말해 보세요.**

A Avery가 뭐라는데?

B **너한테 말해 주지 뭐.**

A 좋아. 말해 봐.

B Avery가 너한테 화났어.

## STEP 3 응용 회화 말하기

A Stay a few more hours. It's early.

B _______________ a bit longer

A 몇 시간 더 있다가 가. 이르잖아.

B **조금 더 있다가 가지 뭐.**

답 : I guess I could stay a bit longer.

**이건 뭐라고 말할까?**

### ~가 뭐라고 하는데?

누가 뭐라고 했는지 궁금할 때는 What did... say?의 중간에 이름만 끼워 넣어서 말하면 됩니다.

A **What did** the news **say?**

B There's a typhoon coming.

A 뉴스가 뭐라는데?

B 태풍이 온대.

# I didn't mean to...

## ~하려고 한 건 아니야

'그러려던 건 아니다', '의도한 건 아니다'라고 말할 때 쓰는 표현입니다. mean to는 뭔가를 '하려고 한다'는 뜻인데, 앞에 I didn't을 썼으니 '하려던 게 아니다'라는 반대 의미가 되는 거죠. 뒤에는 동사원형을 쓰면 됩니다.

MP3 들어보기

**STEP 1** 세 번씩 따라하기

☑ ☐ ☐ **I didn't mean to scare you.**
널 놀라게 **하려던 건 아니야.**

☐ ☐ ☐ **I didn't mean to interrupt you.**
널 방해**하려고 한 건 아니야.**

☐ ☐ ☐ **I didn't mean to upset you.**
기분 나쁘게 **하려던 건 아니었어.**

☐ ☐ ☐ **I really didn't mean to ruin your day.**
정말 네 하루를 망치**려고 한 건 아니야.**

☐ ☐ ☐ **I didn't mean to be so late.**
이렇게 늦게 오**려고 한 건 아닌데.**

---

interrupt 방해하다, 끼어들다
ruin one's day 하루를 망치다
false hope 헛된 희망, 희망 고문
upset 기분 나쁘게 하다
get one's hopes up 기대를 키우다
rain on one's parade 찬물을 끼얹다

## STEP 2 대화에서 쓰임 확인하기

**들으면서 따라 말해 보세요.**

A **Didn't you say** Jack was here**?**

B Oh, he's not here.

A You got my hopes up.

B Sorry. **I didn't mean to give you false hope.**

**우리말만 보고 영어로 말해 보세요.**

A Jack이 여기 있다고 하지 않았어?

B 아, 걔 여기 없어.

A 잔뜩 기대하게 해 놓고는.

B 미안해. **희망 고문을 하려던 건 아니야.**

## STEP 3 응용 회화 말하기

A You wore slippers to my party?

B I'm really sorry.

rain on your parade

A 너 내 파티에 슬리퍼를 신고 온 거야?

B 정말 미안해. **찬물을 끼얹으려고 한 건 아니야.**

답 : I didn't mean to rain on your parade.

### 이건 뭐라고 말할까?

### ~라고 하지 않았어?

상대가 전에 했던 말을 다시 확인할 때 Didn't you say…?라고 하면 됩니다.

A **Didn't you say** you were from Chicago**?**

B No. I said I was from San Diego.

A 시카고에서 왔**다고 하지 않았나요?**

B 아뇨. 샌디에이고에서 왔다고 했는데요.

DAY 016

# I was hoping...

## ~하길 바랐는데

어떤 일이 벌어지기를 희망했었는데 현실은 그렇지 않았을 때 아쉬움을 담아 말하는 표현입니다. 또는 상대에게 정중하게 뭔가를 부탁할 때 쓰기도 합니다. 뒤에는 '주어+동사'가 옵니다.

MP3 들어보기

**STEP 1** 세 번씩 따라하기

☑ ☐ ☐ **I was hoping** you could help me out.
네가 도와줄 수 있길 바랐는데.

☐ ☐ ☐ **I was hoping** I'd get the job.
내가 취직하길 바랐는데.

☐ ☐ ☐ **I was hoping** I was wrong.
내가 틀리길 바랐는데.

☐ ☐ ☐ **I was hoping** that was true.
그게 사실이길 바랐는데.

☐ ☐ ☐ **I was hoping** the vacation would be longer.
휴가가 더 길기를 바랐는데.

---

help ~ out ~에게 도움을 주다
use one's help ~의 도움을 받다
get the job 취업하다
Why not? 그러자.

## STEP 2 대화에서 쓰임 확인하기

**들으면서 따라 말해 보세요.**

A When are you moving?

B Next Monday.

A **Need** help**?**

B **I was hoping you would say that.**
I could use your help.

**우리말만 보고 영어로 말해 보세요.**

A 언제 이사하지?

B 다음 주 월요일.

A 도움 필요해?

B **네가 그렇게 말하길 바랐어.** 도움 필요하지.

## STEP 3 응용 회화 말하기

A

B Why not?

A **우리가 같이 공부할 수 있길 바랐는데.**

B 그러지 뭐.

답 : I was hoping we could study together.

### ~ 필요해?

뭔가가 필요한지를 물어볼 때 간단하게 Need…?라고 하면 됩니다.
Need 뒤에 필요한 것을 붙이기만 하면 되죠.

A **Need** this**?**
B Yes! Thanks.

A 이거 **필요해?**
B 응! 고마워.

# I had no idea...

## ~일 줄 몰랐어

I had no idea...는 어떤 일을 생각조차 못했다는 뜻입니다. 어떤 사실을 알고는 다소 놀랐을 때 이렇게 말할 수 있습니다. 바로 뒤에 that을 넣기도 하고, 그 뒤에는 '주어+동사'가 붙습니다.

### STEP 1 세 번씩 따라하기

☑☐☐ **I had no idea** so many would show up.
이렇게 많이 올 **줄 몰랐어.**

☐☐☐ **I had no idea** he would get angry.
걔가 화낼 **줄은 몰랐어.**

☐☐☐ **I had no idea** I had to go.
내가 가야 한**다는 걸 몰랐어.**

☐☐☐ **I had no idea** it was my mom.
그게 우리 엄마였**다는 걸 몰랐어.**

☐☐☐ **I had no idea** it would last this long.
이렇게 오래 걸릴 **줄은 몰랐어.**

---

show up 나타나다
have to go 가야 하다
some more 조금 더
get angry 화를 내다
last this long 이렇게 오래 걸리다

## STEP 2 대화에서 쓰임 확인하기

**들으면서 따라 말해 보세요.**

A **You want** some more**?**

B That would be great. Thanks.

A This is nice.
**I had no idea you liked curry.**

B Oh, I like all kinds of food.

**우리말만 보고 영어로 말해 보세요.**

A 좀 더 줄까요?

B 그럼 좋죠. 고마워요.

A 좋네요. **카레 좋아하는 줄 몰랐어요.**

B 뭐, 음식은 다 좋아해요.

## STEP 3 응용 회화 말하기

A Wow!

B Yeah, it's really late.

A 와! **이렇게 늦은 줄 몰랐어.**

B 그러게, 많이 늦었네.

답 : I had no idea it was this late.

### ~ 줄까?

'~ 줄까?'라고 물어볼 때 Do you want…?에서 Do를 생략하고 You want…?라고만 해도 됩니다. 회화에서는 Do를 생략하고 You want…?라고 하는 경우가 많습니다.

A I've got two. **You want** one?

B Sure!

A 나 두 개 있어. 하나 **줄까?**

B 좋지!

저자강의를
들어보세요

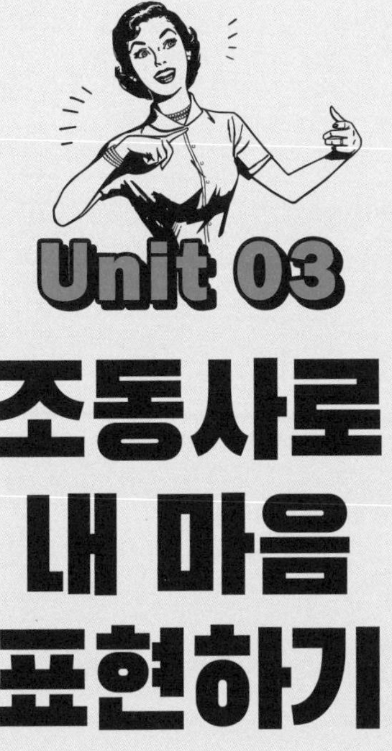

# Unit 03

# 조동사로 내 마음 표현하기


| | | |
|---|---|---|
| DAY 018 | I can't really… | ~잘 못 해 |
| DAY 019 | I can't just… | 그냥 ~할 순 없잖아 |
| DAY 020 | I might just… | 그냥 ~할까 봐 |
| DAY 021 | I'd better… | (나) ~하는 게 좋겠어 |
| DAY 022 | I wouldn't… | ~안 하는 게 좋을걸 |
| DAY 023 | I must've p.p. | (나) ~했나 봐 |

DAY 018

# I can't really...

## ~잘 못 해

재능이나 취향에 대해 말할 때 자신이 잘 못하거나 싫어하는 건 이 표현을 써서 말하면 됩니다. 그냥 I can't...라고 해도 되지만 그러면 너무 직설적인 표현이 되어 버릴 수 있죠. 뒤에는 동사 원형을 쓰면 됩니다.

MP3 들어보기

**STEP 1** 세 번씩 따라하기

☑☐☐ **I can't really** dance.
춤 **잘 못** 춰.

☐☐☐ **I can't really** sing.
노래 **잘 못 해**.

☐☐☐ **I can't really** read those books.
그런 책들 **잘 못** 봐.

☐☐☐ **I can't really** draw.
그림 **잘 못** 그려.

☐☐☐ **I can't really** picture it.
상상이 **잘 안** 가.

---

picture 상상하다
except one 하나를 제외하고, 하나 빼고
all kinds of 모든 종류의
a horror movie 공포 영화

## STEP 2 대화에서 쓰임 확인하기

**들으면서 따라 말해 보세요.**

A What kind of movies do you like?

B **I like all kinds of** movies.
Except one.

A What?

B **I can't really watch horror movies.**

**우리말만 보고 영어로 말해 보세요.**

A 어떤 영화를 좋아해요?

B 영화는 다 좋아해요. 하나 빼고요.

A 뭔데요?

B **공포 영화는 잘 못 봐요.**

## STEP 3 응용 회화 말하기

A You speak Korean, too?

B No.

A 한국말도 해요?

B 아뇨. **한국말 잘 못해요.**

답 : I can't really speak Korean.

이건 뭐라고 말할까?

### ~은 다 좋아해

어떤 분야의 것은 다 좋다고 말할 때는 I like all kinds of... 뒤에 그 종류를 붙이면 됩니다.

A You like rock music?

B **I like all kinds of** music.

A 록 음악 좋아해?

B 음악은 **다 좋아.**

DAY 019

# I can't just...

## 그냥 ~할 순 없잖아

이런저런 사정 때문에 어떤 특정 행동을 하거나 바꿀 수는 없다고 말할 때 쓰는 표현입니다. 여기서 just는 '그냥'이라는 뜻 외에도 '갑자기'라는 뉘앙스도 담겨 있죠. 뒤에는 동사원형을 쓰면 됩니다.

MP3 들어보기

**STEP 1** 세 번씩 따라하기

☑☐☐ **I can't just take off now.**
지금 그냥 가 버릴 순 없잖아.

☐☐☐ **I can't just tell her that.**
그냥 걔한테 그 말을 할 수는 없잖아.

☐☐☐ **I can't just go wandering around.**
그냥 이리저리 돌아다닐 순 없잖아.

☐☐☐ **I can't just stop.**
그냥 그만둘 순 없잖아.

☐☐☐ **I can't just let you do that.**
네가 그렇게 하도록 그냥 내버려 둘 순 없잖아.

---

take off 가다, 떠나다
let ~ do … ~가 …하도록 하다
wait forever 마냥 기다리다
wander around 돌아다니다
dress up 옷을 차려입다
go in 들어가다

## STEP 2 대화에서 쓰임 확인하기

들으면서 따라 말해 보세요.

A **Why do you need to** change**?**

B **I can't just go dressed like this.**

A Why not? It's just a small party.

B I know, but May's coming.
I gotta dress up.

우리말만 보고 영어로 말해 보세요.

A 왜 옷을 갈아입어야 돼?

B **그냥 이렇게 입고 갈 순 없잖아.**

A 왜 안 돼? 그냥 작은 파티인데.

B 알지만 May도 가잖아. 옷을 제대로 입어야 돼.

## STEP 3 응용 회화 말하기

A You're leaving? Jan's not here yet.

B I gotta go. forever

A 가는 거야? Jan이 아직 안 왔잖아.

B 나 가야 돼. **마냥 기다릴 순 없잖아.**

답 : I can't just wait forever.

이건 뭐라고 말할까?

### 왜 ~해야 하는데?

상대가 왜 그런 행위를 해야 하는지 이유가 궁금할 때는
Why do you need to...?라고 물어보세요.

A **Why do you need to** go in**?**

B To use the restroom.

A 왜 들어가**야 하는데?**

B 화장실을 쓰려고.

# I might just...

## 그냥 ~할까 봐

선택하거나 결정하기가 쉽지 않을 경우, 큰 확신이 없거나 마지못해 내린 결정을 표현할 때 쓸 수 있는 표현입니다. 뒤에는 동사구를 붙이면 됩니다.

MP3 들어보기

**STEP 1** 세 번씩 따라하기

☑☐☐ **I might just make the call now.**
그냥 지금 전화할까 봐.

☐☐☐ **I might just do that.**
그냥 그렇게 할까 봐.

☐☐☐ **I might just go home.**
그냥 집에 갈까 봐.

☐☐☐ **I might just stay here.**
그냥 여기 있을까 봐.

☐☐☐ **I might just eat something simple.**
그냥 간단한 거 먹을까 봐.

make a call 전화하다
decide 결정하다
take a nap 낮잠 자다
something simple 간단한 것
look sleepy 졸려 보이다
another drink 술 한잔 더

## STEP 2 대화에서 쓰임 확인하기

**들으면서 따라 말해 보세요.**

A What are you going to have?

B I can't decide. **You?**

A **I might just have the salad.**

B Salad sounds good.
**I might just have that, too.**

**우리말만 보고 영어로 말해 보세요.**

A 뭐로 할 거야?

B 결정 못하겠어. 넌?

A **그냥 샐러드로 할까 봐.**

B 샐러드 좋겠다. **나도 그냥 그걸로 할까 봐.**

## STEP 3 응용 회화 말하기

A You look sleepy.

B Yeah.

A 졸려 보이네.

B 응. **그냥 낮잠이나 잘까 봐.**

답 : I might just take a nap.

### 너는?

You?는 How about you?를 확 줄인 표현입니다.
상대방 의견을 물어볼 때 간단하게 You?라고만 하면 되죠.

A I'm gonna have another drink. **You?**

B Yeah, me, too.

A 난 한잔 더 할 건데. **넌?**

B 그래, 나도.

# DAY 021 I'd better...

## (나) ~하는 게 좋겠어

자신이 어떤 행동을 취하는 게 맞다고 느낄 때가 있죠. 그 행동을 하기로 했다고 상대에게 알릴 때 쓰는 표현입니다. 상대가 뭔가를 하는 게 좋겠다고 할 때는 I'd better... 대신 You'd better...을 쓰면 됩니다. 보통 뒤에는 동사원형을 씁니다.

MP3 들어보기

**STEP 1** 세 번씩 따라하기

☑☐☐ **I'd better tell John.**

John한테 말해 주는 게 좋겠어.

☐☐☐ **I'd better toss it.**

버리는 게 좋겠어.

☐☐☐ **I'd better not.**

안 하는 게 좋겠어.

☐☐☐ **I'd better just take this with me.**

이거 그냥 내가 가져가는 게 좋겠어.

☐☐☐ **I'd better get going now.**

지금 가는 게 좋겠어.

---

toss 버리다
Naw. 아니.
gain weight 살찌다
take ~ with me ~을 내가 가지고 가다
stick with ~을 계속하다
go on a diet 다이어트를 하다

## STEP 2 대화에서 쓰임 확인하기

**듣으면서 따라 말해 보세요.**

A **How's your** beer**?**

B Not bad.

A You want some wine?

B Naw. **I'd better just stick with beer.**

**우리말만 보고 영어로 말해 보세요.**

A 네 맥주 어때?

B 괜찮네.

A 와인 좀 줄까?

B 아니. **그냥 맥주만 마시는 게 좋겠어.**

## STEP 3 응용 회화 말하기

A Did you gain weight?

B Yeah, I think so.

go on

A 살쪘니?

B 응, 그런 것 같아. **다이어트하는 게 좋겠어.**

답 : I'd better go on a diet.

### 네 ~는 어때?

'네 ~는 어때?'는 그대로 직역해서 How's your...?라고 하면 됩니다.

A **How's your** arm**?**

B It's better now. Thanks.

A 네 팔 어때?

B 이제 좋아졌어. 고마워.

DAY 022

# I wouldn't...

## ~ 안 하는 게 좋을걸

원래 I wouldn't...는 '난 ~하지 않을 것이다'라는 뜻이지만, 현지에서는 '나라면 안 그럴 텐데'라는 뜻으로 자주 씁니다. 상대에게 뭔가를 하지 말라고 충고하는 것이죠. 뒤에는 동사구가 붙는데, 강조하기 위해 if I were you를 붙이기도 합니다.

MP3 들어보기

**STEP 1 세 번씩 따라하기**

☑ ☐ ☐ **I wouldn't do that.**
그렇게 안 하는 게 좋을걸.

☐ ☐ ☐ **I wouldn't call him.**
걔한테 전화 안 하는 게 좋을걸.

☐ ☐ ☐ **I wouldn't waste my time.**
시간 낭비 안 하는 게 좋을걸.

☐ ☐ ☐ **I wouldn't go if I were you.**
나라면 안 갈 텐데.

☐ ☐ ☐ **I wouldn't eat that if I were you.**
나라면 그거 안 먹을 텐데.

---

waste time 시간 낭비하다
after what ~하고 나서는
fault 실수, 책임
show up 나타나다, 모습을 보이다
hold one's breath (숨을 멈추듯) 기대하다, 기다리다
closed 닫힌, 영업 안 하는

## STEP 2 대화에서 쓰임 확인하기

**들으면서 따라 말해 보세요.**

A You think Jay will show up?

B After what he said to you?

A **You never know.**
Maybe he'll apologize.

B **I wouldn't hold my breath.**

**우리말만 보고 영어로 말해 보세요.**

A Jay가 올 것 같아?

B 너한테 그런 식으로 말해 놓고?

A 그건 모르는 거야. 사과할 수도 있지.

B **기대 안 하는 게 좋을걸.**

## STEP 3 응용 회화 말하기

A I think it was my fault.

B

A 내 실수였던 것 같아.

B **아무에게도 뭐라고 안 하는 게 좋을걸.**

답 : I wouldn't say anything to anyone.

### 그건 모르는 거야

혹시 모르니까 괜히 단정짓지 말자고 말할 때 You never know.라고 하면 됩니다.

A I doubt the store will be closed tomorrow.

B **You never know.**

A 가게가 내일 문 닫지는 않을걸.

B **그건 모르는 거야.**

# I must've p.p.

## (나) ~했나 봐

must've는 must have의 준말로, 무언가를 한 것 같다는 의미입니다. 당시에는 몰랐거나 현재 잊어버렸거나, 어찌됐든 이제 보니 자신이 그 행위를 한 것으로 간주하는 거죠. 뒤에 과거분사가 붙습니다.

MP3 들어보기

**STEP 1** 세 번씩 따라하기

☑☐☐ **I must've forgotten.**
나 까먹었나 봐.

☐☐☐ **I must've taken the wrong pill.**
약을 잘못 먹었나 봐.

☐☐☐ **I must've dozed off.**
나 깜빡 잠들었나 봐.

☐☐☐ **I must've sent you the text by mistake.**
내가 실수로 그 문자를 너한테 보냈나 봐.

☐☐☐ **I must've seen him then.**
그럼 내가 걔를 보긴 봤나 봐.

---

take the wrong pill 틀린 알약을 복용하다
by mistake 실수로
miss the exit 출구를 놓치다
doze off 깜빡 잠들다, 졸다
pass the exit 출구를 지나치다
put ~ in… ~을 …에 넣다

## STEP 2 대화에서 쓰임 확인하기

**듣으면서 따라 말해 보세요.**

A **Where's your** umbrella**?**

B What? Yeah, where is it?

A You had it at the café.

B **I must've just left the umbrella there.**

**우리말만 보고 영어로 말해 보세요.**

A 네 우산 어디 있어?

B 뭐? 그러게, 어디 있지?

A 카페에선 갖고 있었는데.

B **우산을 그냥 거기에 놔두고 왔나 봐.**

## STEP 3 응용 회화 말하기

A Did we pass the exit?

B Yeah.

A 출구를 지나친 건가?

B 응. **출구를 놓쳤나 봐.**

답 : I must've missed the exit.

이건 뭐라고 말할까?

### 네 ~ 어디 있어?

상대방의 물건 또는 관계 있는 사람이 어디 있는지 물어볼 때는 간단하게 Where's your...? 뒤에 그것을 붙이기만 하면 됩니다.

A **Where's your** book**?**

B I put it in my backpack.

A 네 책 어디 있어?

B 내 배낭에 넣었어.

저자강의를
들어보세요

# Unit 04
# 상대방에 대해 말하기


| | | |
|---|---|---|
| DAY 024 | You're saying...? | ~라는 거야? |
| DAY 025 | You're telling me...? | ~라는 말이야? |
| DAY 026 | You could... | ~하면 되잖아 |
| DAY 027 | You gotta admit... | ~인 건 인정하자 |
| DAY 028 | You might wanna... | ~하는 게 좋을걸 |
| DAY 029 | You do realize...? | ~라는 건 알고 있지? |

# You're saying...?

~라는 거야?

상대의 언급을 재확인할 때 쓰는 표현입니다. 질문을 Are you...?로 하지 않고, 순서를 바꿔 You are...?로 물어보면서 질문보다는 서술에 더 가까운 표현이 되는 거죠. 뒤에는 '주어+동사'가 붙습니다.

## STEP 1 세 번씩 따라하기

☑ ☐ ☐ **You're saying you didn't know?**
몰랐다는 거야?

☐ ☐ ☐ **You're saying you like the show?**
그 프로그램이 마음에 든다는 거니?

☐ ☐ ☐ **You're saying you're going?**
너 간다고?

☐ ☐ ☐ **You're saying Tom's here?**
Tom이 여기 왔다는 거야?

☐ ☐ ☐ **You're saying the car won't start?**
차 시동이 안 걸린다는 거야?

---

start 시동이 걸리다
care 관심을 가지다

class notes 강의 노트

## STEP 2 대화에서 쓰임 확인하기

**들으면서 따라 말해 보세요.**

A Here. **You need to** see my class notes**?**

B No, it's all right.

A **You're saying you don't need it anymore?**

B Uh-huh. I saw Jay's already.

**우리말만 보고 영어로 말해 보세요.**

A 자. 내 강의 노트 봐야 되지?

B 아니, 괜찮아.

A **이젠 필요 없다는 거야?**

B 어. Jay 거 벌써 봤어.

## STEP 3 응용 회화 말하기

A

B Of course I care.

A **관심 없다는 거야?**

B 물론 관심 있지.

답 : You're saying you don't care?

### ~해야 되지?

상대에게 뭔가를 할 필요가 있냐고 물어볼 때는 Do you need to...?에서 Do를 빼고 You need to...?라고 해도 됩니다.

A **You need to** buy anything**?**

B No, nothing.

A 뭐 사야 돼?

B 아니, 전혀.

DAY 025

# You're telling me...?

## ~라는 말이야?

바로 앞에 나온 You're saying...?과 비슷한 듯 보일 수도 있지만, 이번에는 me까지 동원해 어이가 없어 따지듯이 묻는 표현입니다. '그게 말이 되냐?'라는 뉘앙스이죠. 뒤에는 '주어+동사'를 씁니다.

MP3 들어보기

**STEP 1** 세 번씩 따라하기

☑☐☐ **You're telling me** you don't want to do it?

그걸 하기 싫다는 말이야?

☐☐☐ **You're telling me** you don't believe me?

내 말을 못 믿겠다는 말이야?

☐☐☐ **You're telling me** he was here?

걔가 여기 왔었다는 말이야?

☐☐☐ **You're telling me** I'm wrong?

내가 틀렸다는 말이야?

☐☐☐ **You're telling me** there's another email?

메일이 하나 더 있다는 말이야?

---

believe me 나를 믿다, 내 말을 믿다
too nervous 너무 긴장한
Exactly. 맞아. / 바로 그거야.
not do anything 아무것도 안 하다
froze 얼다

## STEP 2 대화에서 쓰임 확인하기

**들으면서 따라 말해 보세요.**

A So what did you do?

B What could I do?

A **You're telling me you didn't do anything?**

B **I was too** nervous. I froze.

**우리말만 보고 영어로 말해 보세요.**

A 그래서 어떻게 했어?

B 내가 뭘 할 수 있었겠냐?

A **아무것도 안 했다는 말이야?**

B 너무 떨렸거든. 얼어 버렸어.

## STEP 3 응용 회화 말하기

A

B Exactly. I don't want to.

A **하기 싫다는 말이야?**

B 맞아. 하기 싫어.

답 : You're telling me you don't want to?

### 너무 ~했어

'너무 ~했어'라고 예전의 기분이나 상태에 대해 말할 때는
I was too… 뒤에 감정을 나타내는 형용사를 쓰면 됩니다.

A Why didn't you come last night?

B **I was too** tired.

A 어제 저녁에 왜 안 왔어?

B **너무** 피곤했어.

# You could...

## ~하면 되잖아

You could...은 '넌 ~할 수 있어'라는 뜻으로 생각하기 쉽지만, 뉘앙스가 좀 다릅니다. 완곡하게 조언을 하거나 어떤 행동을 부추기는 의미죠. 뒤에 always를 붙이면 '그냥 ~하면 되잖아'라는 뜻이 됩니다.

### STEP 1 세 번씩 따라하기

☑ ☐ ☐ **You could start your own business.**
네 사업을 시작하면 되잖아.

☐ ☐ ☐ **You could call Cindy.**
Cindy에게 전화하면 되잖아.

☐ ☐ ☐ **You could tell the truth.**
사실대로 얘기하면 되잖아.

☐ ☐ ☐ **You could always give it to me.**
그냥 그거 나한테 주면 되잖아.

☐ ☐ ☐ **You could always get a new one.**
그냥 새 거 사면 되잖아.

---

start one's own business 사업을 시작하다
drive ~ crazy ~를 미치게 하다
deadline 마감 기한
tell the truth 사실대로 말하다
apply 신청하다

## STEP 2 대화에서 쓰임 확인하기

**들으면서 따라 말해 보세요.**

A Your boss still giving you a hard time?

B Yeah, he's driving me crazy.

A **You could always quit.**

B I'm seriously thinking about it.

**우리말만 보고 영어로 말해 보세요.**

A 네 상사가 아직도 너 힘들게 해?

B 응, 그 사람 때문에 미치겠어.

A **그냥 그만두면 되잖아.**

B 그럴까 진지하게 고민 중이야.

## STEP 3 응용 회화 말하기

A Oh, no. **I** just **missed** the last bus.

B ______________________ a cab

A 아, 이런. 막차를 막 놓쳤네.

B **그냥 택시 잡으면 되잖아.**

답 : You could always catch a cab.

### ~을 놓쳤어

노렸던 것을 놓치거나 빗나갔을 때 I missed... 뒤에 놓친 대상을 붙이면 됩니다.

A Did you apply?

B **I missed** the deadline.

A 신청했어?

B 마감 기한을 **놓쳤어.**

# You gotta admit...

## ~인 건 인정하자

gotta는 got to의 줄임말로, have to와 같은 뜻이지만 보다 캐주얼한 표현이죠. You gotta admit...은 인정해야 마땅한 상황이나 일에 대해 받아들이라고 말할 때 씁니다. 뒤에는 '주어+동사'가 따릅니다.

**STEP 1** 세 번씩 따라하기

☑☐☐ **You gotta admit I'm better.**
내가 더 잘한다는 건 인정하자.

☐☐☐ **You gotta admit it's pretty neat.**
꽤 괜찮다는 건 인정하자.

☐☐☐ **You gotta admit that's a good point.**
좋은 지적이란 건 인정하자.

☐☐☐ **You gotta admit it's not gonna be easy.**
쉽지 않을 거란 건 인정하자.

☐☐☐ **You gotta admit this is pointless.**
이게 의미 없는 짓인 건 인정하자.

---

pretty neat 꽤 괜찮은
a good point 좋은 지적
pointless 무의미한
admit 인정하다
absolutely right 확실히 맞는

## STEP 2 대화에서 쓰임 확인하기

**들으면서 따라 말해 보세요.**

A They like the second one, right?

B Yeah, everyone loved that one.

A **You gotta admit I was right.**

B I do. You were absolutely right.

**우리말만 보고 영어로 말해 보세요.**

A 두 번째 걸 좋아하지, 그지?

B 응, 다들 그걸 정말 좋아하더라.

A **내 말이 맞았다는 건 인정하자.**

B 그래. 네 말이 확실히 맞았어.

## STEP 3 응용 회화 말하기

A

B It was. I **had a blast.**

A **재미있었다는 건 인정하자.**

B 맞아. 정말 즐거웠어.

답 : You gotta admit it was fun.

### 즐거운 시간을 보냈어

즐거운 시간을 보냈다고 할 때 had fun 말고도 had a blast라고도 많이 말합니다.

A How was the family trip?

B We all **had a blast.**

A 가족 여행 어땠어?

B 우리 모두 **즐거운 시간을 보냈어.**

DAY 028

# You might wanna...

## ~하는 게 좋을걸

wanna는 want to의 준말입니다. 직역하면 '~하는 걸 네가 원할 수도 있다'이지만, 실은 이 표현은 간단하고 캐주얼하게 조언을 하는 의미입니다. 뒤에는 동사원형이 따릅니다.

MP3 들어보기

### STEP 1 세 번씩 따라하기

☑ □ □ **You might wanna** tell him yourself.
걔한테 직접 말하는 게 좋을걸.

□ □ □ **You might wanna** put on a jacket.
재킷 걸치는 게 좋을걸.

□ □ □ **You might wanna** zip up your fly.
바지 지퍼 올리는 게 좋을걸.

□ □ □ **You might wanna** look in the mirror.
거울 한번 보는 게 좋을걸.

□ □ □ **You might wanna** cancel the lunch.
점심 약속 취소하는 게 좋을걸.

---

yourself 직접, 네 자신이
fly 바지 지퍼 부분
tie 묶다
zip up 지퍼를 잠그다
look in the mirror 거울을 보다
get-together 사교 모임

## STEP 2 대화에서 쓰임 확인하기

**듣으면서 따라 말해 보세요.**

A **Going to** Pam's Bistro for dinner**?**

B That's the plan.

A **You might wanna make a reservation.**

B Right. It's Friday.

**우리말만 보고 영어로 말해 보세요.**

A 저녁 먹으러 Pam's Bistro에 간다고?

B 계획은 그래.

A **예약하는 게 좋을걸.**

B 맞아. 금요일이네.

## STEP 3 응용 회화 말하기

A shoelaces

B Oh. Thanks.

A **네 신발끈 묶는 게 좋을걸.**

B 아. 고마워.

답 : You might wanna tie your shoelaces.

### ~에 갈 거야?

어떤 곳에 갈 것인지 물어볼 때 Are you going to…?에서 Are you를 빼고 Going to…?라고 하는 경우가 많습니다.

A **Going to** the get-together tonight**?**

B Probably not. Too far.

A 오늘 저녁 모임**에 갈 거야?**

B 아마 안 갈 것 같아. 너무 멀어.

# You do realize...?

## ~라는 건 알고 있지?

뭔가를 인식하고 있는지 물어보는 표현입니다. 혹시 상대가 잊거나 간과할 수도 있을 부분을 상기시키려는 의도가 담겨 있죠. 뒤에는 '주어+동사'를 붙이면 됩니다.

**STEP 1** 세 번씩 따라하기

☑☐☐ **You do realize it's next week?**
다음 주라는 건 알고 있지?

☐☐☐ **You do realize she's my sister?**
걔가 내 여동생이라는 건 알고 있지?

☐☐☐ **You do realize no one cares?**
아무도 관심 없다는 건 알고 있지?

☐☐☐ **You do realize this isn't the first time?**
이번이 처음이 아니라는 건 알고 있지?

☐☐☐ **You do realize I like noodles?**
내가 면을 좋아한다는 건 알고 있지?

---

care 관심 있다
study for the test 시험 공부를 하다
the first time 처음
realize 인지하다, 알다

## STEP 2 대화에서 쓰임 확인하기

**들으면서 따라 말해 보세요.**

A **You're not** study**ing** for the test**?**

B I got lots of time.

A **You do realize the test is tomorrow?**

B What? It's not next week?

**우리말만 보고 영어로 말해 보세요.**

A 시험공부 안 해?

B 시간 많아.

A **시험이 내일이라는 건 알고 있지?**

B 뭐라고? 다음 주가 아니고?

## STEP 3 응용 회화 말하기

A I don't want to go to a café.

B your idea

A 카페 가기 싫어.

B **네가 가자고 했던 건 알고 있지?**

답 : You do realize it was your idea to go?

### ~ 안 해?

상대방에게 뭔가를 안 하냐고 물어볼 때 You're not -ing?라고 하면 됩니다.
의문문 형태로 바꾸지 않아도 문장 끝을 올려 말하면 질문이 됩니다.

A **You're not** eating**?**

B I'm not hungry.

A 밥 안 먹어?

B 배가 안 고파서.

저자 강의를
들어보세요

# Unit 05

# 궁금한 거 간단하게 물어보기


| | |
|---|---|
| DAY 030 | You wanna…? ~할래? / 좀 ~하면 안 돼? |
| DAY 031 | You think…? ~인 것 같아? |
| DAY 032 | You really…? 진짜 ~하니? |
| DAY 033 | You going to…? (너) ~할 거야? |
| DAY 034 | You sure…? (너) 정말 ~해? / ~인 게 확실해? |

DAY 030

# You wanna...?

## ~할래? / 좀 ~하면 안 돼?

뭔가를 하고 싶은지 물어볼 때 Do you want to...?라고 하죠? 여기서 Do를 빼고 want to를 wanna로 바꾼 You wanna...?를 회화에서는 정말 자주 씁니다. 상대방 의향을 물어볼 때도 쓰지만 뭔가를 요구할 때 쓰기도 하죠.

MP3 듣어보기

**STEP 1** 세 번씩 따라하기

☑☐☐ **You wanna split this?**

이거 나눠 먹을래?

☐☐☐ **You wanna go outside?**

밖에 나갈래?

☐☐☐ **You wanna give it a try?**

한번 해 볼래?

☐☐☐ **You wanna quit that?**

그만 좀 하면 안 돼?

☐☐☐ **You wanna tell me what's going on?**

무슨 일인지 좀 말해 주면 안 돼?

---

split 나누다

go outside 밖으로 나가다

give it a try 시도하다

come along 함께 가다

tell the truth 사실대로 말하다

## STEP 2 대화에서 쓰임 확인하기

**들으면서 따라 말해 보세요.**

A Where are you guys going?

B To Cindy's. **You wanna come along?**

A Would that be all right?

B Sure, **the more the merrier.**
Come on, let's go.

**우리말만 보고 영어로 말해 보세요.**

A 어디들 가?

B Cindy네. **같이 갈래?**

A 그래도 돼?

B 그럼, 많을수록 좋지. 자, 가자고.

## STEP 3 응용 회화 말하기

A

B I am.

A **사실대로 좀 말해 주면 안 돼?**

B 그러고 있어.

답 : You wanna tell me the truth?

### 많으면 많을수록 좋지

The more the merrier.는 '많으면 많을수록 더 즐겁다'는 뜻의 속담입니다.

A Can I bring my friends?

B Yeah. **The more the merrier.**

A 친구들을 데려가도 돼요?

B 네. **많을수록 좋죠.**

DAY 031

# You think...?

## ~인 것 같아?

Do you think에서 Do을 생략한 캐주얼한 표현입니다. 상대방 의견이나 생각을 물어보거나 확인할 때 유용하게 쓸 수 있죠. 뒤에는 보통 '주어+동사'가 옵니다.

MP3 들어보기

**STEP 1** 세 번씩 따라하기

☑☐☐ **You think this is enough?**
이 정도면 된 것 같아?

☐☐☐ **You think I want to?**
난들 그러고 싶을 것 같아?

☐☐☐ **You think so?**
그런 것 같아?

☐☐☐ **You think that's the problem?**
그게 문제인 것 같아?

☐☐☐ **You think you'll be done by tomorrow?**
너 내일까지 끝낼 것 같아?

---

enough 충분한
some people 일부 사람들
stay in 안에 머물다, 나가지 않다
never forget 절대 잊지 않다
the map says 지도에 따르면

## STEP 2 대화에서 쓰임 확인하기

**들으면서 따라 말해 보세요.**

A **They say** you never forget your first love.

B **You think that's true?**

A Do you?

B I think it's true for some people.
Me? Maybe.

**우리말만 보고 영어로 말해 보세요.**

A 첫사랑은 못 잊는다고 그러잖아.

B **정말 그런 것 같아?**

A 너는?

B 어떤 사람들에겐 그런 것 같아. 난? 어쩌면.

## STEP 3 응용 회화 말하기

A the place

B Yeah. That's what the map says.

A **여기가 그 장소인 것 같아?**

B 응. 지도에는 그렇게 나오는데.

답 : You think this is the place?

### ~라고 하던데

사람들이 '~하다고 한다'라고 말할 땐 문장 앞에 They say...만 붙여 주면 됩니다.

A **They say** it's gonna rain.

B Really? I'd better stay in then.

A 비가 올 거**라고 하던데.**

B 정말? 그럼 나가지 않는 게 좋겠다.

# You really...?

진짜 ~하니?

Do you really…?에서 Do를 생략한 캐주얼한 표현입니다. 상대의 심정이나 의도를 재확인할 때 '진짜', '정말'을 뜻하는 really를 동원해서 질문을 하는 거죠. 뒤에는 동사구가 붙습니다.

## STEP 1 세 번씩 따라하기

☑ ☐ ☐ **You really want to swim?**
진짜 수영하고 싶니?

☐ ☐ ☐ **You really mean that?**
진짜 그게 진심이야?

☐ ☐ ☐ **You really have to?**
진짜 그래야 하니?

☐ ☐ ☐ **You really think so?**
진짜 그렇게 생각해?

☐ ☐ ☐ **You really like beer?**
진짜 맥주가 좋아?

---

think so 그렇게 생각하다
go jogging 조깅하러 가다
Oh my gosh! 세상에!
every weekday 평일에 매일

## STEP 2 대화에서 쓰임 확인하기

**들으면서 따라 말해 보세요.**

A Sara? **You really want a puppy?**

B Yeah. I really want one.

A Okay. **Here you go.**

B What? Oh my gosh!
That's a puppy!

**우리말만 보고 영어로 말해 보세요.**

A Sara? **진짜 강아지를 원하니?**

B 응. 정말 갖고 싶어.

A 좋아. 여기 있어.

B 뭐? 세상에! 그거 강아지잖아!

## STEP 3 응용 회화 말하기

A

B Every weekday. Not on the weekends.

A **진짜 매일 아침에 조깅하니?**

B 평일에는 매일. 주말에는 안 하고.

답 : You really go jogging every morning?

### 여기 있어

'여기 있어'라고 할 때는 Here you go.라고 하면 됩니다. Here you are.도 자주 씁니다.

A Can I borrow your pen?
B Sure. **Here you go.**

A 네 펜 빌려도 돼?
B 그럼. **여기 있어.**

DAY 033

# You going to...?

## (너) ~할 거야?

상대의 계획을 간단하게 물어볼 때 씁니다. Are you going to...?에서 맨 앞의 Are을 과감하게 생략한 표현이죠. 뒤에는 동사구를 붙이면 됩니다.

MP3 들어보기

**STEP 1 세 번씩 따라하기**

☑☐☐ **You going to order anything?**
뭐 주문할 거야?

☐☐☐ **You going to work tomorrow?**
내일 일 갈 거야?

☐☐☐ **You going to try again?**
다시 한번 해 볼 거야?

☐☐☐ **You still going to watch the movie?**
그래도 영화 볼 거야?

☐☐☐ **You going to tell me what's going on?**
무슨 일인지 나한테 말해 줄 거야?

try again 다시 시도하다
~, right? ~하지, 그렇지?
No choice. 어쩔 수 없어.
what's going on 무슨 일이 일어나고 있는지
all day 하루 종일
can have it 가져도 된다

## STEP 2 대화에서 쓰임 확인하기

**들으면서 따라 말해 보세요.**

A Wait. The training is tomorrow, right?

B Yep. And it's all day.

A **You going to go?**

B **I have to** go. No choice.

**우리말만 보고 영어로 말해 보세요.**

A 잠깐. 내일이 교육이네, 그렇지?

B 응. 그리고 하루 종일이야.

A **너 갈 거야?**

B 난 가야 돼. 어쩔 수 없어.

## STEP 3 응용 회화 말하기

A

B No. You can have it.

A **그거 마실 거야?**

B 아니. 너 마셔도 돼.

답 : You going to drink that?

**~해야 돼**

내가 꼭 해야 된다고 말할 때는 I have to...라고 하면 됩니다.
I gotta...라고 해도 같은 뜻입니다.

A Coming?

B **I have to** finish this first.

A 안 가?

B 이거 먼저 끝내**야 돼**.

# You sure...?

## (너) 정말 ~해? / ~인 게 확실해?

상대가 언급한 것이 정말 확실한지 다시 확인할 때 이렇게 말하면 됩니다. 이 표현도 Are you sure...?에서 맨 앞의 Are를 생략한 것입니다. 뒤에는 '주어+동사'가 따릅니다.

### STEP 1 세 번씩 따라하기

☑☐☐ **You sure you're okay?**
너 정말 괜찮아?

☐☐☐ **You sure I can't come?**
나 정말 가면 안 돼?

☐☐☐ **You sure the sign said it was closed?**
영업 종료라고 표지판에 쓰여 있던 게 확실해?

☐☐☐ **You sure that's what he meant?**
걔가 그런 뜻이었다는 게 확실해?

☐☐☐ **You sure you saw the professor there?**
거기서 교수님을 본 게 확실해?

---

the sign said... ~라고 표지판에 쓰여 있었다
complain 항의하다, 불평하다
leave a note 메모를 남기다
go upstairs 위층에 가다
what else 다른 무엇
post office 우체국

## STEP 2 대화에서 쓰임 확인하기

**들으면서 따라 말해 보세요.**

A I'm gonna go upstairs and complain.

B **You sure you want to do that?**

A What else can I do?

B Leave a note on the door **maybe?**

**우리말만 보고 영어로 말해 보세요.**

A 위층에 가서 항의할래.

B **정말 그러고 싶어?**

A 아니면 뭘 할 수 있겠어?

B 문에 메모를 붙여 놓는 게 어때?

## STEP 3 응용 회화 말하기

A

B Yeah. Look.

A **이게 그 번호인 거 확실해?**

B 응. 봐.

답 : You sure this is the number?

### ~하는 게 어때?

명령문 뒤에 maybe?를 붙이면 뭔가를 제안하는 표현이 됩니다.
조금 특이한 문법 형태이지만, 회화에서 많이 쓰이는 표현이니 꼭 알아두세요.

A Where is the post office?

B Ask that guy over there **maybe?**

A 우체국 어디야?

B 저기 있는 남자에게 물어보**는 게 어때?**

저자 강의를
들어보세요

# Unit 06

# 내 생각 말하기


| | | |
|---|---|---|
| DAY 035 | It's a little... | 좀 ~하네 |
| DAY 036 | It's just that... | 그냥 ~해서 |
| DAY 037 | It's not like... | ~한 것도 아닌데 뭐 |
| DAY 038 | It's practically... | ~한 거나 마찬가지야 |
| DAY 039 | It's supposed to be... | ~하다고 하던데 |

# It's a little...

## 좀 ~하네

뭔가 마음에 들지 않을 때가 있죠. 그 뭔가가 내가 선호하는 한도, 임계점을 넘었을 때 이 표현을 써서 말할 수 있습니다. 뒤에는 형용사를 쓰고, '너무'를 뜻하는 too를 넣으면 의미가 더 강조됩니다.

MP3 들어보기

**STEP 1 세 번씩 따라하기**

☑ ☐ ☐ **It's a little hot.**
좀 덥네.

☐ ☐ ☐ **It's a little far.**
좀 머네.

☐ ☐ ☐ **It's a little long.**
좀 기네.

☐ ☐ ☐ **It's a little too salty.**
너무 좀 짜네.

☐ ☐ ☐ **It's a little too much.**
너무 좀 많네.

---

salty 짠
get 사다
It can't be later than ~보다 늦출 수 없다
pricy 비싼

## STEP 2 대화에서 쓰임 확인하기

**들으면서 따라 말해 보세요.**

A Is six in the morning okay?

B **It's a little early for me.**

A How about seven then?
It can't be later than that.

B Okay. Seven **it is**.

**우리말만 보고 영어로 말해 보세요.**

A 오전 6시 괜찮아요?

B **저한테는 좀 이르네요.**

A 그럼 7시는 어때요? 그보다 늦출 수는 없어요.

B 좋아요. 7시로 하죠.

## STEP 3 응용 회화 말하기

A Are you going to get it?

B No. ______________________ pricy

A 살 거야?

B 아니. **너무 좀 비싸네.**

답 : It's a little too pricy.

### ~으로 하자

상대가 제안하는 것(명사형) 뒤에 it is를 붙이면 그것을 수용하는 표현이 됩니다.

A What about pizza this time?

B Pizza **it is.**

A 이번엔 피자 어때?

B 피자로 **하자.**

DAY 036

# It's just that...

## 그냥 ~해서

큰 문제가 되는 건 아니지만 딱 한 가지가 걸린다고 말할 때 쓸 수 있는 표현입니다. 뒤에는 '주어+동사'를 쓰면 됩니다.

**STEP 1** 세 번씩 따라하기

☑☐☐ **It's just that** I'm a little worried.
그냥 조금 걱정이 돼서.

☐☐☐ **It's just that** you're not going.
그냥 네가 안 가서.

☐☐☐ **It's just that** I can't say for sure.
그냥 확실하게 말할 수 없어서.

☐☐☐ **It's just that** it'll be better that way.
그냥 그게 더 나은 방법이라서.

☐☐☐ **It's just that** Sara isn't coming today.
그냥 오늘 Sara가 안 오게 돼서.

---

a little worried 다소 걱정되는
be better that way 더 나은 방법이다
graduate 졸업하다
say for sure 확실히 말하다
Jeju-do 제주도

## STEP 2 대화에서 쓰임 확인하기

**들으면서 따라 말해 보세요.**

A Why are we going to Vietnam?

B What do you mean? For our vacation.

A **It's just that I don't understand.**
Why not just go to Jeju-do?

B Okay. We can do that, too.

**우리말만 보고 영어로 말해 보세요.**

A 우리가 왜 베트남 가는 거야?

B 무슨 소리야? 우리 휴가 때문이지.

A **그냥 이해가 안 돼서.** 그냥 제주도 가면 되잖아.

B 좋아. 그래도 괜찮지.

## STEP 3 응용 회화 말하기

A We're graduating. **You should be** happy.

B

A 우리 졸업하잖아. 기분 좋아해야지.

B **그냥 난 대학교가 좋아서.**

답 : It's just that I like college.

### 너 ~해야지

상대에게 어떤 특정한 감정을 느끼는 게 맞다고 할 때 You should be...라고 합니다.

A **You should be** sad. Why are you smiling?

B I'm not sad. I'm glad.

A 슬퍼**해야지.** 왜 웃는데?

B 난 안 슬퍼. 기뻐.

# It's not like...

## ~한 것도 아닌데 뭐

여기서 like는 '~을 좋아하다'가 아니라 '~와 같은'이라는 의미입니다. 뒤에는 '주어+동사'를 쓰고, 끝에 or anything을 붙이기도 합니다. like 대신 as if를 쓸 수도 있는데, 그때는 It's not as if...가 되겠죠.

**STEP 1** 세 번씩 따라하기

☑☐☐ **It's not like I danced with Lynn.**

Lynn하고 춤춘 것도 아닌데 뭐.

☐☐☐ **It's not like we're lying.**

우리가 거짓말하는 것도 아닌데 뭐.

☐☐☐ **It's not like you care.**

네가 신경 써 주는 것도 아닌데 뭐.

☐☐☐ **It's not like I'll be leaving.**

내가 떠나는 것도 아닌데 뭐.

☐☐☐ **It's not like I'm a professor or anything.**

난 교수나 그런 것도 아닌데 뭐.

---

get an award 상을 타다
awesome 멋진
Guess what? 있잖아.
win first place 일등을 하다
not a big deal 대수롭지 않은 일
get a promotion 승진하다

## STEP 2 대화에서 쓰임 확인하기

**들으면서 따라 말해 보세요.**

A I heard you got an award.

B Yeah, I won first place in an art contest.

A Wow. **Congrats!** That's awesome!

B Oh, stop.
**It's not like it's a big deal or anything.**

**우리말만 보고 영어로 말해 보세요.**

A 너 무슨 상을 탔다며.

B 응, 미술대회에서 일등 했어.

A 와. 축하해! 정말 대단하다!

B 에이, 그만해. **대단하거나 그런 일도 아닌데 뭐.**

## STEP 3 응용 회화 말하기

A You should tell Mira you're sorry.

B Why?

A 너 Mira한테 미안하다고 해야지.

B 왜? **우는 것도 아닌데 뭐.**

답 : It's not like she's crying.

### 축하해

친한 사이에서는 Congratulations보다 덜 거창한 Congrats가 딱이죠.

A Guess what? I got the promotion!

B **Congrats.**

A 있잖아. 나 승진했어!

B **축하해.**

DAY 038

# It's practically...

## ~한 거나 마찬가지야

practically는 '거의', '사실상', '실제로'라는 뜻입니다. It's practically...라고 하면 뭔가가 '~이나 마찬가지다'라는 뜻이 됩니다. 뒤에는 보통 형용사를 쓰지만 때로는 명사나 부사가 따르기도 합니다.

MP3 들어보기

**STEP 1** 세 번씩 따라하기

☑ ☐ ☐ **It's practically non-existent.**
없는 거나 마찬가지야.

☐ ☐ ☐ **It's practically illegal.**
불법이나 마찬가지야.

☐ ☐ ☐ **It's practically the same.**
같은 거나 마찬가지야.

☐ ☐ ☐ **It's practically summer already.**
벌써 여름이나 마찬가지야.

☐ ☐ ☐ **It's practically over now.**
이제 끝난 거나 마찬가지야.

---

non-existent 존재하지 않는
the same 같은 것
too big for ~에게 너무 큰
illegal 불법인
be over 끝나다
bucks 달러

## STEP 2 대화에서 쓰임 확인하기

**들으면서 따라 말해 보세요.**

A You want this shirt?
**It's practically brand new.**

B I can have it? You sure?

A Yeah. It's too big for me.

B Wow, thanks a lot.

**우리말만 보고 영어로 말해 보세요.**

A 이 셔츠 줄까? **새 거나 마찬가지야.**

B 가져도 돼? 확실해?

A 응. 나한테는 너무 커.

B 와, 정말 고마워.

## STEP 3 응용 회화 말하기

A **How much for** this hat**?**

B Just ten bucks.

A 이 모자 얼마예요?

B 딱 10달러요. **공짜나 마찬가지죠.**

답 : It's practically free.

### 얼마예요?

특정한 물건의 가격이 궁금할 때는 간단하게 How much for…?를 써서 물어보세요.

A **How much for** the bananas**?**

B Five thousand won.

A 바나나 **얼마예요?**

B 5천 원이요.

공부한 날 월 일

# It's supposed to be...

## ~하다고 하던데

원래 supposed to는 '~해야 한다'는 뜻이지만, 여기서는 본인이 '들은 바로는 그렇다'는 뉘앙스입니다. 하지만 그렇다고 확신하거나 보장하는 건 아니고 그저 그렇게 들었다는 의미죠. 뒤에는 형용사나 명사가 붙습니다.

MP3 들어보기

**STEP 1** 세 번씩 따라하기

☑ ☐ ☐ **It's supposed to be good.**
좋다고 하던데.

☐ ☐ ☐ **It's supposed to be fun.**
재밌다고 하던데.

☐ ☐ ☐ **It's supposed to be long.**
길다고 하던데.

☐ ☐ ☐ **It's supposed to be a good movie.**
괜찮은 영화라고 하던데.

☐ ☐ ☐ **It's supposed to be a joke.**
어이없다고 하던데.

---

a good movie 괜찮은 영화
sci-fi flick SF 영화
spicy food 매운 음식

## STEP 2 대화에서 쓰임 확인하기

**들으면서 따라 말해 보세요.**

A You wanna catch that new sci-fi flick?

B The one everyone's talking about?

A Yeah. **It's supposed to be really awesome.**

B Sure, **why not?**

**우리말만 보고 영어로 말해 보세요.**

A 새로 나온 SF 영화 보러 가지 않을래?

B 다들 얘기하는 그거?

A 응. **정말 괜찮다고 하던데.**

B 그래, 그러지 뭐.

## STEP 3 응용 회화 말하기

A You wanna try this?

B Naw. I don't like spicy food.

A 이거 먹어 볼래? **아주 맵다고 하던데.**

B 아니. 나 매운 음식 싫어해.

답 : It's supposed to be really spicy.

### 그러지 뭐

Why not?을 '왜 안 돼?'라고 할 때도 쓰지만 '그러지 뭐'라는 뜻으로도 많이 씁니다.

A Coffee?

B **Why not?**

A 커피?

B 그러죠 뭐.

저자강의를
들어보세요

# Unit 07
# 이것저것 말하기


| | |
|---|---|
| **DAY 040** | This is why… 이래서 ~하는 거야 |
| **DAY 041** | That's pretty… 꽤 ~한데 / 정말 ~하다 |
| **DAY 042** | That must've been… ~이었겠다 |
| **DAY 043** | No one's that… 그렇게 ~한 사람이 어디 있냐? |
| **DAY 044** | Something tells me… 왠지 ~인 거 같은데 |

DAY 040

# This is why...

이래서 ~하는 거야

특정 현상이 왜 벌어지는지에 대해 자신이 추측하는 이유를 말할 때 쓰는 표현입니다. 언짢은 기분으로 훈계하듯이 말하는 뉘앙스죠. 뒤에는 '주어+동사'를 씁니다.

## STEP 1 세 번씩 따라하기

☑□□ **This is why** you don't ask questions.
이래서 질문하면 안 되는 거야.

□□□ **This is why** people get upset.
이래서 사람들이 화를 내는 거야.

□□□ **This is why** I get so sad sometimes.
이래서 내가 가끔 서글픈 거야.

□□□ **This is why** you keep missing the ball.
이래서 네가 계속 공을 놓치는 거야.

□□□ **This is why** everyone laughs at him.
이래서 다들 걔를 비웃는 거야.

---

ask a question 질문하다
miss the ball 공을 놓치다
find parking 주차 공간을 찾다
get upset 화를 내다
lose ~ in the crowd 인파 속에서 ~을 잃어버리다
bring a car 차를 가져오다

## STEP 2 대화에서 쓰임 확인하기

**들으면서 따라 말해 보세요.**

A Where did Sara go?

B I think we lost her in the crowd.

A **This is why I don't like crowded places.**

B **There** she **is**.

**우리말만 보고 영어로 말해 보세요.**

A Sara 어디 갔어?

B 우리가 인파 속에서 걜 잃어버린 것 같아.

A **내가 이래서 사람 많은 데가 싫은 거야.**

B 저기 있다.

## STEP 3 응용 회화 말하기

A I can't find parking.

B

A 주차할 곳을 못 찾겠네.

B **이래서 차를 가져오면 안 되는 거야.**

답 : This is why you don't bring a car.

### 저기 있다

사람이나 물체가 '저기 있다'라고 할 때 There ~ is라고 하면 됩니다.
사이에는 대명사를 넣으면 되죠.

A I don't see the clock.

B **There** it **is**.

A 시계가 안 보이는데.

B 저기 있네.

# That's pretty...

## 꽤 ~한데 / 정말 ~하다

뭔가에 대해 자신의 의견이나 느낌을 살짝 강조할 때 쓰는 표현입니다. 뒤에 형용사만 붙이면 그 사람이나 사물에 대한 느낌을 간단하게 표현할 수 있죠.

**STEP 1** 세 번씩 따라하기

☑ ☐ ☐ **That's pretty nice.**
꽤 멋진데.

☐ ☐ ☐ **That's pretty funny.**
꽤 웃긴데.

☐ ☐ ☐ **That's pretty interesting.**
꽤 흥미로운데.

☐ ☐ ☐ **That's pretty incredible.**
정말 놀랍다.

☐ ☐ ☐ **That's pretty stupid.**
정말 바보 같다.

---

incredible 정말 놀라운
No kidding. 그러게 말이야.
dump (애인을) 차다

## STEP 2 대화에서 쓰임 확인하기

**들으면서 따라 말해 보세요.**

A What's with Ron?

B His girlfriend dumped him.

A **That's pretty sad.**

B No kidding.

**우리말만 보고 영어로 말해 보세요.**

A Ron 왜 저래?

B 여자친구가 찼어.

A **정말 처량하다.**

B 그러게 말이야.

## STEP 3 응용 회화 말하기

A **How do you like** my drawing**?**

B

A 내 그림 어때?

B **꽤 괜찮은데.**

답 : That's pretty good.

### ~ 어떻게 생각해?

상대의 생각이 궁금할 때는 How do you like...?라고 물어보면 됩니다.

A **How do you like** Korea**?**

B I love it.

A 한국 어때요?

B 너무 좋아요.

# DAY 042 That must've been...

## ~이었겠다

상대가 경험한 일을 들은 후 자신의 의견을 말할 때 쓸 수 있는 표현입니다. 한 마디로 자신의 결론을 말하는 거죠. 뒤에는 형용사나 명사를 씁니다.

MP3 들어보기

**STEP 1** 세 번씩 따라하기

☑ ☐ ☐ **That must've been fun.**
재밌었겠다.

☐ ☐ ☐ **That must've been boring.**
지루했겠다.

☐ ☐ ☐ **That must've been pretty hard.**
많이 힘들었겠다.

☐ ☐ ☐ **That must've been a blast.**
너무 즐거웠겠다.

☐ ☐ ☐ **That must've been something.**
대단했겠다.

---

a blast 즐거운 시간
the whole thing 처음부터 끝까지 모든 것
It sure was. 정말 그랬어.
pileup 연쇄 추돌
a real shock 큰 충격

## STEP 2 대화에서 쓰임 확인하기

**들으면서 따라 말해 보세요.**

A Were you near that big pileup?

B I was on the sidewalk.
I saw the whole thing.

A **That must've been a real shock.**

B It sure was.

**우리말만 보고 영어로 말해 보세요.**

A 너 그 연쇄 추돌 근처에 있었어?

B 난 인도에 있었어. 처음부터 끝까지 다 봤어.

A **정말 충격이었겠다.**

B 확실히 그랬어.

## STEP 3 응용 회화 말하기

A The fireworks show **was great**.

B I'll bet.

A 불꽃놀이 쇼 대단했어.

B 그랬겠지. **정말 환상적이었겠다.**

답 : That must've been really fantastic.

### ~ 대단했다 / ~ 멋있었다

자신의 경험에 대해 감탄하면서 표현할 때 ~ was great을 쓰면 딱입니다.

A How was the musical?

B The musical **was great**.

A 뮤지컬 어땠어?

B 뮤지컬 **대단했어.**

# No one's that...

## 그렇게 ~한 사람이 어디 있냐?

어떤 사람의 자질이나 성격에 대한 얘기를 하다 보면 긍정적이든 부정적이든 그 얘기가 다소 과장됐다고 느껴질 때가 있습니다. 바로 그럴 때 이 표현 뒤에 형용사를 붙여서 '그런 사람이 어디 있어?'라고 따지는 거죠.

MP3 들어보기

**STEP 1** 세 번씩 따라하기

☑ ☐ ☐ **No one's that pretty.**
그렇게 예쁜 사람이 어디 있냐?

☐ ☐ ☐ **No one's that smart.**
그렇게 똑똑한 사람이 어디 있냐?

☐ ☐ ☐ **No one's that crazy.**
그렇게 미친 사람이 어디 있냐?

☐ ☐ ☐ **No one's that in a hurry.**
그렇게 급한 사람이 어디 있냐?

☐ ☐ ☐ **No one's that ambitious.**
그렇게 야심 찬 사람이 어디 있냐?

---

in a hurry 바쁜, 급한
ambitious 야심 찬
ask ~ out ~에게 데이트 신청하다
be good at ~을 잘하다

## STEP 2 대화에서 쓰임 확인하기

**들으면서 따라 말해 보세요.**

A Todd asked Anna out.

B Anna from Itaewon?

A Yes! He saw her at a café and just asked.

B **Come on. No one's that brave.**

**우리말만 보고 영어로 말해 보세요.**

A Todd가 Anna한테 데이트 신청했대.

B 이태원의 Anna?

A 그래! 카페에서 보고는 그냥 물어봤대.

B 에이. **그렇게 용감한 사람이 어디 있냐?**

## STEP 3 응용 회화 말하기

A Did you win again this week?

B No.

A 이번 주도 이겼어요?

B 아니요. **그렇게 운 좋은 사람이 어디 있어요?**

답 : No one's that lucky.

### 에이

Come on은 '서둘러'라는 뜻도 있지만 '에이~', '그럴 리가'라고 말할 때도 쓸 수 있습니다.

A You're so good at everything. So good.

B **Come on.** Stop.

A 넌 뭐든지 잘한다. 정말 잘하는구나.

B **에이.** 그만해.

# Something tells me...

## 왠지 ~인 거 같은데

직역하면 '무언가가 나에게 ~라고 알려 주고 있어'인데, 이유를 딱 꼬집어서 말하기 어렵지만 왠지 그런 느낌이 강하게 들 때 쓸 수 있습니다. 뒤에는 짐작하는 내용을 '주어+동사' 형태로 쓰면 됩니다.

MP3 들어보기

### STEP 1 세 번씩 따라하기

☑☐☐ **Something tells me** you're in trouble.
**왠지** 너 무슨 문제가 생긴 **거 같은데.**

☐☐☐ **Something tells me** we're not going.
**왠지** 우리는 안 갈 **거 같은데.**

☐☐☐ **Something tells me** I'm not the only one.
**왠지** 나뿐만이 아닌 **거 같은데.**

☐☐☐ **Something tells me** I'm right.
**왠지** 내 말이 맞는 **거 같은데.**

☐☐☐ **Something tells me** you want to ask me something.
**왠지** 너 나한테 뭐 물어보고 싶은 **거 같은데.**

---

in trouble 문제가 생긴
quit 관두다, 그만하다
an easy decision 쉬운 결정
the only one 유일한 사람
still on the fence 아직 결정하지 못한
get home late 집에 늦게 들어오다

## STEP 2 대화에서 쓰임 확인하기

**들으면서 따라 말해 보세요.**

A So when do you plan to quit?

B Well… soon.

A **Something tells me you're still on the fence.**

B Yeah. It's not an easy decision.

**우리말만 보고 영어로 말해 보세요.**

A 그래서 언제 그만둘 계획이야?

B 뭐…… 금방.

A **왠지 아직 결정을 못 한 거 같은데.**

B 그래. 쉬운 결정은 아냐.

## STEP 3 응용 회화 말하기

A Oh, I'm **super** tired.

B

A 아, 정말 피곤하다.

B **왠지 집에 늦게 들어온 거 같은데.**

답 : Something tells me you got home late.

### 이건 뭐라고 말할까?

### 굉장히 / 아주 / 정말

super는 '굉장히', '아주', '정말'이란 뜻으로 회화에서 자주 씁니다.

A Are you excited?

B I'm **super** excited.

A 신났어?

B **정말** 신났지.

저자강의를
들어보세요

# Unit 08

# What으로 물어보기


| | |
|---|---|
| DAY 045 | What…? ~라니? |
| DAY 046 | What happens if…? ~하면 어떻게 되지? |
| DAY 047 | What makes you think…? 왜 ~라고 생각해? |
| DAY 048 | Whatever happened to…? ~은 도대체 어떻게 된 거야? |
| DAY 049 | What's with…? ~은 왜 저래? / ~은 뭔데? |

# What...?

## ~라니?

매우 짧은 질문이지만, 이 한 단어로 '무슨 ~ 얘기하는 거야?' 라고 물어볼 수가 있습니다. 상대가 뭔가를 얘기했을 때 어리둥절해서 물어보는 것일 수도 있고, 물론 시치미 떼며 하는 말일 수도 있습니다. 뒤에는 명사만 붙이면 됩니다.

MP3 들어보기

### STEP 1 세 번씩 따라하기

☑ ☐ ☐ **What book?**

책이라니?

☐ ☐ ☐ **What TV show?**

TV 쇼라니?

☐ ☐ ☐ **What guy?**

남자라니?

☐ ☐ ☐ **What bag?**

가방이라니?

☐ ☐ ☐ **What money?**

돈이라니?

---

hand 건네주다
Here. 여기 있어.
step on 밟다
hold (손에) 들다, 들고 있다

## STEP 2 대화에서 쓰임 확인하기

**들으면서 따라 말해 보세요.**

A Hand me that pen?

B **What pen?**

A The pen you're stepping on.

B Oh, sorry. Here.

**우리말만 보고 영어로 말해 보세요.**

A 그 펜 좀 건네줄래?

B **펜이라니?**

A 네가 밟고 있는 그 펜.

B 아, 미안. 자.

## STEP 3 응용 회화 말하기

A **Have you seen** my pink shirt**?**

B ______________________ Pink?

A 내 핑크 셔츠 봤어?

B **핑크 셔츠라니?** 핑크라고?

답 : What pink shirt?

### ~ 봤어?

뭔가를 봤냐고 물어볼 때는 Have you seen...? 뒤에 그 대상만 붙여 주면 됩니다.

A **Have you seen** my phone**?**

B Yeah. You're holding it.

A 내 전화기 **봤어?**

B 응. 네가 들고 있잖아.

# What happens if...?

~하면 어떻게 되지?

만약 특정 상황이 벌어지면 무슨 결과가 따를지 궁금할 때 이렇게 물어보면 되겠죠. 뒤에는 '주어+동사'를 쓰면 됩니다.

## STEP 1 세 번씩 따라하기

☑ □ □ **What happens if it's too crowded?**
사람이 너무 많으면 어떻게 되지?

□ □ □ **What happens if it doesn't work?**
일이 잘 안 되면 어떻게 되지?

□ □ □ **What happens if there's no one there?**
거기 아무도 없으면 어떻게 되지?

□ □ □ **What happens if Tony already left?**
Tony가 벌써 떠났으면 어떻게 되지?

□ □ □ **What happens if I don't like it?**
내가 안 좋아하면 어떻게 되지?

crowded 사람이 많은, 붐비는
cloudy 흐린
not work (일이) 잘 안 되다
tap 누르다, 두드리다

## STEP 2 대화에서 쓰임 확인하기

**들으면서 따라 말해 보세요.**

A It's pretty cloudy today.

B Yeah. But we **still have to** go.

A **What happens if it rains?**

B We use an umbrella.

**우리말만 보고 영어로 말해 보세요.**

A 오늘 날씨가 꽤 흐리네.

B 그러게. 그래도 우리 가야 돼.

A **비 오면 어떻게 되지?**

B 우산 써야지.

## STEP 3 응용 회화 말하기

A tap

B The app will open.

A **이거 누르면 어떻게 돼요?**

B 앱이 열려요.

답 : What happens if I tap this?

### 그래도 ~해야 돼

still have to...를 직역하면 '여전히 ~해야 해'인데, 즉 '그래도 ~해야 돼'라는 뜻이죠.

A It's a holiday tomorrow.

B I **still have to** work.

A 내일 휴일인데.

B **그래도** 난 일**해야 돼.**

# What makes you think...?

## 왜 ~라고 생각해?

직역하면 '뭐가 널 ~라고 생각하게 만들어?'인데, 즉 왜 그렇 생각하는지 물어보는 겁니다. 보통 끝에는 '주어+동사'를 붙입니다.

MP3 들어보기

**STEP 1 세 번씩 따라하기**

☑☐☐ **What makes you think that?**
왜 그렇다고 생각해?

☐☐☐ **What makes you think Jay's there?**
왜 Jay가 거기 있다고 생각해?

☐☐☐ **What makes you think I'm interested?**
왜 내가 관심 있다고 생각해?

☐☐☐ **What makes you think you can do it?**
왜 네가 그걸 할 수 있다고 생각해?

☐☐☐ **What makes you think it was me?**
왜 나였다고 생각해?

---

interested 관심 있는
serve 제공하다
cafeteria 구내식당

## STEP 2 대화에서 쓰임 확인하기

**들으면서 따라 말해 보세요.**

A You're not eating at the cafeteria today?

B No. I don't like spaghetti.

A **What makes you think they're serving spaghetti?**

B It's always spaghetti on Fridays.

**우리말만 보고 영어로 말해 보세요.**

A 오늘은 구내식당에서 밥 안 먹어?

B 응. 나 스파게티는 별로야.

A **왜 스파게티가 나온다고 생각해?**

B 금요일에는 늘 스파게티야.

## STEP 3 응용 회화 말하기

A **You must** really enjoy cooking.

B

A 요리하는 거 정말 좋아하나 봐요.

B **왜 제가 요리를 좋아한다고 생각해요?**

답 : What makes you think I like cooking?

### 너 ~한가 봐

You must...는 '~해야 해'라는 뜻도 있지만, '너 ~한가 봐'라고 할 때도 쓸 수 있습니다.

A **You must** like it here.

B Oh, I love it here.

A 여기가 좋은**가 봐요.**

B 아, 여기 정말 좋아요.

# Whatever happened to...?

## ~은 도대체 어떻게 된 거야?

어떻게 된 건지를 물어보는 What happened to...?에서 첫 단어만 Whatever로 바꾼 표현인데, '도대체'라는 뜻이 추가되어 의미가 더 강조되었습니다. 뒤에는 명사구를 쓰면 됩니다.

MP3 들어보기

**STEP 1** 세 번씩 따라하기

☑☐☐ **Whatever happened to John?**
John은 도대체 어떻게 된 거야?

☐☐☐ **Whatever happened to "always friends?"**
"영원히 친구하기"는 도대체 어떻게 된 거야?

☐☐☐ **Whatever happened to your dreams?**
네 꿈은 도대체 어떻게 된 거야?

☐☐☐ **Whatever happened to the dinner you promised me?**
나한테 저녁 약속한 건 도대체 어떻게 된 거야?

☐☐☐ **Whatever happened to your plans to go to Europe?**
유럽 여행 계획은 도대체 어떻게 된 거야?

---

promise 약속하다
borrow 빌리다
lend 빌려주다
one of these days 조만간

## STEP 2 대화에서 쓰임 확인하기

**들으면서 따라 말해 보세요.**

A Whatever happened to the book I lent you?

B What book?

A The book about dolphins.

B **Why would I** borrow a book about dolphins**?**

**우리말만 보고 영어로 말해 보세요.**

A 내가 빌려준 책은 도대체 어떻게 된 거야?

B 책이라니?

A 돌고래에 관한 책.

B 내가 돌고래에 관한 책을 왜 빌려?

## STEP 3 응용 회화 말하기

A

B We should do that one of these days.

A Bob을 방문하자는 우리 계획은 도대체 어떻게 된 거야?

B 조만간 그래야 되는데.

답 : Whatever happened to our plans to visit Bob?

### 내가 ~을 왜 해?

따지듯이 '내가 그걸 왜 해?'라고 할 때는 Why would I...?라고 하면 됩니다.

A You don't read comic books?

B **Why would I** read comic books**?**

A 만화책 안 읽어?

B **내가** 만화책을 **왜** 읽어?

# DAY 049 What's with...?

## ~은 왜 저래? / ~은 뭔데?

누군가 행동이 좀 이상하거나 뭔가가 좀 특이할 때 그 이유를 물어보게 되죠? 이럴 때 이 표현 뒤에 그 대상을 붙여서 직설적으로 질문할 수 있습니다.

MP3 들어보기

**STEP 1** 세 번씩 따라하기

☑☐☐ **What's with her?**
걔는 왜 저래?

☐☐☐ **What's with you?**
너는 왜 그래?

☐☐☐ **What's with the haircut?**
그 머리는 뭔데?

☐☐☐ **What's with the long face?**
그 시무룩한 얼굴은 뭔데?

☐☐☐ **What's with all the food?**
이 음식은 다 뭔데?

---

haircut (이발 후) 머리 모양, 헤어스타일
all the food 이 음식 다
a long face 시무룩한 얼굴
huh 음, 응(놀랍거나 궁금할 때)

## STEP 2 대화에서 쓰임 확인하기

**듣으면서 따라 말해 보세요.**

A What's with the professor?

B **What about** the professor**?**

A Why is she so happy today?

B Huh. Yeah. Why?

**우리말만 보고 영어로 말해 보세요.**

A 교수님은 왜 저래?

B 교수님이 뭐가 어때서?

A 왜 오늘 저렇게 기분이 좋지?

B 흠. 그러게. 왜지?

## STEP 3 응용 회화 말하기

A

B It's Rebecca's birthday today.

A 그 케이크는 뭔데?

B 오늘 Rebecca 생일이야.

답 : What's with the cake?

### ~이 뭐가 어때서?

'~이 뭐가 어때서?'라고 물어볼 때는 What about…?이라고 하면 됩니다.

A Your fingers. Wow.

B **What about** my fingers**?**

A 네 손가락들. 와.

B 내 손가락들**이 뭐가 어때서?**

저자강의를
들어보세요

# Unit 09

# Who, How, Why로 물어보기


| | |
|---|---|
| DAY 050 | Who says...? ~라고 누가 그래? |
| DAY 051 | Who wants to...? 누가 ~하고 싶겠냐? |
| DAY 052 | Who would've thought...? ~할 줄 누가 알았겠어? |
| DAY 053 | How's...? ~은 어때? / ~은 잘 지내? |
| DAY 054 | How was...? ~은 어땠어? |
| DAY 055 | How come...? 왜 ~하지? |
| DAY 056 | Why don't we...? (우리) ~하는 게 어때? |
| DAY 057 | Why not just...? 그냥 ~하면 되잖아? |

# Who says...?

## ~라고 누가 그래?

상대의 발언에 동의를 못할 뿐만 아니라 따지기까지 하는 표현입니다. 도대체 누가 그 말이 사실이라고 할 수 있겠냐고 따져 묻는 거죠. 뒤에는 공감 못하는 그 부분을 '주어+동사' 형태로 붙여 주면 됩니다.

MP3 들어보기

**STEP 1** 세 번씩 따라하기

☑ ☐ ☐ **Who says I can't draw?**

내가 그림 못 그린다고 누가 그래?

☐ ☐ ☐ **Who says you have to go?**

너 꼭 가야 한다고 누가 그래?

☐ ☐ ☐ **Who says Korea can't win?**

한국이 못 이긴다고 누가 그래?

☐ ☐ ☐ **Who says guys don't have feelings?**

남자들은 감정이 없다고 누가 그래?

☐ ☐ ☐ **Who says you have to dance?**

춤을 춰야 한다고 누가 그래?

---

have feelings 감정을 느끼다
drive to work 차로 출근하다
kind of 좀 ~한
take the bus 버스를 타다
this place 이곳

## STEP 2 대화에서 쓰임 확인하기

**들으면서 따라 말해 보세요.**

A You take the bus to work?

B Every day.

A But why the bus?
You have a car.

B **Who says you gotta drive to work?**

**우리말만 보고 영어로 말해 보세요.**

A 버스로 출근한다고?

B 매일.

A 근데 웬 버스? 차 있잖아.

B **꼭 차로 출근해야 된다고 누가 그래?**

## STEP 3 응용 회화 말하기

A **You like** comic books**?**

B

A 만화책 좋아해?

B **내가 만화책 좋아한다고 누가 그래?**

답 : Who says I like comic books?

### ~ 좋아?

좋아하는지 물어볼 때 Do you like…?에서 Do를 생략하고 You like…?라고 해도 됩니다.

A **You like** this place**?**

B Not bad. Kind of dark, though.

A 여기 **좋아?**

B 괜찮아. 좀 어둡긴 하네.

# Who wants to...?

## 누가 ~하고 싶겠냐?

'누가 ~하고 싶겠냐?'는 건 즉 '~할 사람이 어디 있겠냐?'라는 뜻이겠죠. 뒤에는 동사구를 쓰면 됩니다.

MP3 들어보기

**STEP 1 세 번씩 따라하기**

☑ ☐ ☐ **Who wants to smell that?**
누가 그 냄새를 맡고 싶겠냐?

☐ ☐ ☐ **Who wants to drive that long?**
누가 그렇게 오래 운전하고 싶겠냐?

☐ ☐ ☐ **Who wants to go to a place like that?**
누가 그런 곳에 가고 싶겠냐?

☐ ☐ ☐ **Who wants to be yelled at?**
누가 야단 맞고 싶겠냐?

☐ ☐ ☐ **Who wants to watch a three-hour movie?**
누가 3시간짜리 영화를 보고 싶겠냐?

---

smell 냄새를 맡다
like that 그런
all week 일주일 내내
that long 그렇게 오래
yell at 야단치다

## STEP 2 대화에서 쓰임 확인하기

**듣으면서 따라 말해 보세요.**

A Cindy wants to stay home.

B **Who wants to stay home on a Saturday?**

A She does.

B Well, **there goes** our plan.

**우리말만 보고 영어로 말해 보세요.**

A Cindy는 집에 있고 싶다네.

B **누가 토요일에 집에 있고 싶겠냐?**

A 걔는 그래.

B 뭐, 우리 계획 다 망쳤네.

## STEP 3 응용 회화 말하기

A You sure you don't want to go to the park?

B

A 공원 정말 안 갈래?

B **누가 거길 가고 싶겠냐?**

답 : Who wants to go there?

### ~ 다 망쳤네

뭔가 '다 망쳤다'고 할 때 '저기로 달아나네'라는 뜻의 There goes…로 표현할 수 있습니다.

A It's going to rain all week.

B **There goes** our vacation.

A 일주일 내내 비가 내린대.

B 우리 휴가 **다 망쳤네.**

# Who would've thought...?

## ~할 줄 누가 알았겠어?

믿기 어려운 일이 벌어졌을 때 쓸 수 있는 표현입니다. 뒤에는 would 동사가 들어간 절을 붙여서 말하면 되는데, 회화에서는 대명사 뒤에 would를 쓸 경우 'd로 축약해서 쓰기도 합니다.

MP3 들어보기

### STEP 1 세 번씩 따라하기

☑ □ □ **Who would've thought it'd be so easy?**

이렇게 쉬울 줄 누가 알았겠어?

□ □ □ **Who would've thought it'd come down to this?**

이렇게 될 줄 누가 알았겠어?

□ □ □ **Who would've thought Sara would do that?**

Sara가 그렇게 행동할 줄 누가 알았겠어?

□ □ □ **Who would've thought you would like bowling?**

네가 볼링을 좋아할 줄 누가 알았겠어?

□ □ □ **Who would've thought Korea would make it to the finals?**

한국이 결승전에 들어갈 줄 누가 알았겠어?

---

so easy 아주 쉬운
make it to ~에 이르다, 도착하다
pretty empty 텅 빈
come down to (결국) ~이 되다, ~에 이르다
bumper-to-bumper 꼬리에 꼬리를 문, 차가 막히는
yummy 맛있는

## STEP 2 대화에서 쓰임 확인하기

**들으면서 따라 말해 보세요.**

A Wow, it's bumper-to-bumper.

B **Who would've thought there would be traffic?**

A I know. This road is usually pretty empty.

B You'd better call your mom.

**우리말만 보고 영어로 말해 보세요.**

A 와, 꼬리에 꼬리를 물었네.

B **차가 막힐 줄 누가 알았겠어?**

A 그러니까. 이 길은 보통 텅 비는데.

B 너희 엄마한테 전화하는 게 좋겠어.

## STEP 3 응용 회화 말하기

A **This is so** yummy.

B

A 이거 진짜 맛있다.

B **네가 내 요리를 좋아할 줄 누가 알았겠어?**

답 : Who would've thought you'd like my cooking?

### 이거 진짜 ~하다

'이거 진짜 ~하다'라고 할 때는 This is so… 뒤에 형용사를 쓰면 됩니다.
아주 간단한 표현이지만 정말 많이 쓰는 표현 중에 하나랍니다.

A **This is so** comfortable.

B I'm glad you like my sofa.

A **이거 진짜** 편하다.

B 내 소파가 좋다니 다행이네.

DAY 053

# How's...?

## ~은 어때? / ~은 잘 지내?

How's는 How is를 줄인 말입니다. 뭔가의 상태나 누군가의 안부를 물을 때 간단하게 사용할 수 있는 표현이죠. 뒤에는 명사구가 따릅니다.

MP3 듣어보기

**STEP 1** 세 번씩 따라하기

☑ ☐ ☐ **How's that?**

그건 어때?

☐ ☐ ☐ **How's your sandwich?**

샌드위치 맛은 어때?

☐ ☐ ☐ **How's your car?**

네 차는 어때?

☐ ☐ ☐ **How's your kid brother?**

남동생은 잘 지내?

☐ ☐ ☐ **How's Paul?**

Paul은 잘 지내?

---

kid brother 남동생
heal 낫다
have been gone a while 꽤 오래 떠나 있었다
Same here. 저도 그래요. / 마찬가지예요.
pretty well 잘
be back home 집에 돌아오다

## STEP 2 대화에서 쓰임 확인하기

**들으면서 따라 말해 보세요.**

A **It's good to** see you.

B Same here.
**How's your arm now?**

A It's healing pretty well.

B Yeah, I see that you got your cast off.

**우리말만 보고 영어로 말해 보세요.**

A 보니까 좋네.

B 나도. **요즘 팔은 어때?**

A 꽤 잘 낫고 있어.

B 그래, 보니까 깁스도 뺐네.

## STEP 3 응용 회화 말하기

A

B Mitch moved to Busan.

A **우리 친구 Mitch는 잘 지내?**

B Mitch는 부산으로 이사 갔어.

답 : How's our friend Mitch?

### ~하니까 좋네

뭔가를 하니까 좋다고 말할 때는 It's good to...가 딱 좋죠.

A You've been gone a while.

B Yeah. **It's good to** be back home.

A 너 꽤 오래 떠나 있었어.

B 그래. 집에 **오니까 좋다.**

# How was...?

## ~은 어땠어?

상대에게 있었던 일이 어땠는지 물어볼 때 간단하게 쓸 수 있는 만능 표현이죠. 뒤에는 명사를 쓰면 됩니다.

### STEP 1 세 번씩 따라하기

☑ ☐ ☐ **How was class today?**
오늘 수업은 어땠어?

☐ ☐ ☐ **How was the presentation?**
프레젠테이션은 어땠어?

☐ ☐ ☐ **How was your trip?**
여행은 어땠어?

☐ ☐ ☐ **How was the dinner with your parents?**
부모님과의 저녁 식사는 어땠어?

☐ ☐ ☐ **How was the fried rice?**
볶음밥은 어땠어?

---

fried rice 볶음밥
a weeknight 평일 저녁
the old place 예전 집
be back early 일찍 돌아오다
terrible 형편없는

## STEP 2 대화에서 쓰임 확인하기

들으면서 따라 말해 보세요.

A You're back early.

B Well, it's a weeknight.

A **How was the new restaurant?**

B **To be honest,** the food was terrible.

우리말만 보고 영어로 말해 보세요.

A 일찍 돌아왔네.

B 뭐, 평일 저녁이잖아.

A **새로 생긴 식당은 어땠어?**

B 솔직히 음식이 형편없더라.

## STEP 3 응용 회화 말하기

A

B It was incredible.

A **토요일 저녁 콘서트 어땠어?**

B 대단했지.

답 : How was the concert on Saturday night?

### 솔직히 말하자면

'솔직히 말하자면'이라고 할 때 Frankly speaking을 떠올리기 쉽지만
이 표현은 콩글리시 느낌이 강하게 듭니다. 이때는 To be honest를 써 보세요.

A How's the new place?

B **To be honest,** the old place is better.

A 이사 간 집 어때?

B **솔직히** 예전 집이 더 좋아.

# How come...?

왜 ~하지?

이유를 물어볼 때 Why...? 외에 How come...?도 자주 씁니다. How come...?은 아주 캐주얼한 느낌이 드는 동시에 살짝 따지는 뉘앙스도 있죠. Why...? 의문문은 뒤에 '동사+주어'를 쓰지만, How come...? 뒤에는 '주어+동사'를 씁니다.

MP3 들어보기

## STEP 1 세 번씩 따라하기

☑☐☐ **How come?**

왜 그렇지?

☐☐☐ **How come it's not here?**

왜 여기 없지?

☐☐☐ **How come I'm not on the list?**

왜 난 명단에 없어?

☐☐☐ **How come your friends don't like me?**

왜 네 친구들이 날 안 좋아해?

☐☐☐ **How come your mom always calls me Jane?**

왜 너희 엄마는 날 늘 Jane이라고 불러?

---

on the list 명단에 있는
weird 이상한, 기이한
go with ~와 함께 가다
tap 두드리다
realize 깨닫다, 인식하다

## STEP 2 대화에서 쓰임 확인하기

**들으면서 따라 말해 보세요.**

A **How come you always do that?**

B Do what?

A That. Tapping your pencil.

B That's weird. **I didn't realize** I do that.

**우리말만 보고 영어로 말해 보세요.**

A **왜 넌 맨날 그러는 거야?**

B 뭘?

A 그거. 연필 두드리는 거.

B 이상하네. 내가 그러는 줄 몰랐어.

## STEP 3 응용 회화 말하기

A I can't go with you on Monday.

B

A 월요일에 너랑 못 가.

B **너 왜 못 가는데?**

답 : How come you can't go?

### ~한 줄 몰랐어

어떤 사실을 몰랐다고 할 때는 I didn't realize... 뒤에 몰랐던 사실을 말하면 됩니다.

A **I didn't realize** I was using your pen.

B No problem.

A 네 펜을 쓰고 있는 **줄 몰랐어.**

B 괜찮아.

# Why don't we...?

## (우리) ~하는 게 어때?

어떤 행동을 함께하자고 상대에게 제의할 때 쓰는 표현입니다. 일상생활에서는 물론 비즈니스 상황에서도 자주 쓰는 유용한 표현이죠. 뒤에는 동사원형으로 시작하는 동사구가 붙습니다.

MP3 들어보기

**STEP 1** 세 번씩 따라하기

☑☐☐ **Why don't we all go?**
우리 다 가는 게 어때?

☐☐☐ **Why don't we go and talk to them?**
우리 가서 걔들한테 말을 거는 게 어때?

☐☐☐ **Why don't we hit another place?**
다른 데 가 보는 게 어때?

☐☐☐ **Why don't we just call it a night?**
오늘 밤은 그냥 이쯤에서 끝내는 게 어때?

☐☐☐ **Why don't we continue tomorrow?**
내일 계속하는 게 어때?

---

hit another place 다른 곳에 가다
split the check 더치페이 하다, 각자 내다
next time 다음 기회에
call it a night (밤에) 이쯤에서 하던 일을 끝내다
pay for ~을 사다
over there 저쪽

## STEP 2 대화에서 쓰임 확인하기

**들으면서 따라 말해 보세요.**

A **Let me** get this.

B No, no. **Why don't we split the check?**

A I really wanted to pay for dinner.

B Maybe next time.

**우리말만 보고 영어로 말해 보세요.**

A 이거 제가 낼게요.

B 아뇨, 아뇨. **더치페이 하는 게 어때요?**

A 제가 꼭 저녁 사고 싶었는데요.

B 다음 기회에.

## STEP 3 응용 회화 말하기

A

B I don't like corners.

A **우리 저기 가서 앉는 게 어때?**

B 난 구석이 싫어.

답 : Why don't we sit over there?

**(내가) ~할게**

'내가 ~할게'는 Let me…를 써서 '나에게 ~하게 해 줘'라고 표현합니다.

A **Let me** ask you a question.

B All right.

A 질문 하나 **할게.**

B 좋아.

# Why not just...?

## 그냥 ~하면 되잖아?

어떤 행동을 권할 때 쓰는 표현입니다. 상대의 행동을 촉구할 때나 자신과 함께 뭔가를 하자고 제안할 때 쓸 수 있습니다. 뒤에는 그 행동을 동사원형 형태로 쓰면 됩니다.

**STEP 1** 세 번씩 따라하기

☑ ☐ ☐ **Why not just** move to another table?
그냥 다른 테이블로 옮기면 되잖아?

☐ ☐ ☐ **Why not just** postpone the trip?
그냥 여행을 미루면 되잖아?

☐ ☐ ☐ **Why not just** say you're a student?
그냥 학생이라고 하면 되잖아?

☐ ☐ ☐ **Why not just** be honest?
그냥 솔직히 말하면 되잖아?

☐ ☐ ☐ **Why not just** take the subway?
그냥 지하철 타면 되잖아?

---

move to ~로 옮기다
postpone 연기하다, 미루다
honest 솔직한
take the subway 지하철을 타다
change one's major 전공을 바꾸다
I'm not all that... 난 그다지 ~하지 않다

## STEP 2 대화에서 쓰임 확인하기

**들으면서 따라 말해 보세요.**

A **You know,** I don't like my major anymore.

B **Why not just change your major then?**

A It's too late to do that.

B I guess you're right.

**우리말만 보고 영어로 말해 보세요.**

A 있잖아, 내 전공이 이제 싫은 거 있지.

B **그럼 그냥 전공을 바꾸면 되잖아?**

A 그러기에 너무 늦었어.

B 네 말이 맞는 것 같아.

## STEP 3 응용 회화 말하기

A I'm not all that hungry.

B order

A 별로 배가 고프지 않네.

B **그냥 에피타이저만 시키면 되잖아?**

답 : Why not just order an appetizer?

**이건 뭐라고 말할까?**

### 있잖아

얘기를 꺼내기 전에 '있잖아'라고 할 때는 You know라고 하면 됩니다. You know라고 한 다음에 말을 이어가면 되죠. 회화에서 별 뜻 없이 습관처럼 많이 쓰기도 합니다.

A **You know,** this is really fun.

B Right?

A **있잖아,** 이거 정말 재미있다.

B 그치?

저자강의를
들어보세요

# Unit 10

# 쿨하게 말하기


| | |
|---|---|
| **DAY 058** | Let's just... 그냥 ~하자 |
| **DAY 059** | Let's not... ~하지 말자 |
| **DAY 060** | Thanks for the... ~(해 줘서) 고마워 |
| **DAY 061** | All I'm saying is... 내 말은 ~라는 거지 |
| **DAY 062** | Can't you just...? 그냥 ~하면 안 돼? |
| **DAY 063** | Don't get all... 너무 ~하지 좀 마 |
| **DAY 064** | Don't tell me... 설마 ~한 건 아니지? |
| **DAY 065** | No wonder... 그러니까 ~하지 / 어쩐지 ~하더라 |
| **DAY 066** | We should probably... (우리) ~하는 게 좋겠는데 |

DAY 058

# Let's just...

## 그냥 ~하자

너무 복잡하게 생각하지 말고 그냥 빠르거나 쉽고 간단하게 하자는 의도가 듬뿍 담긴 표현입니다. 뒤에는 하자고 권하는 행동을 동사(구)로 붙이면 됩니다.

MP3 들어보기

**STEP 1** 세 번씩 따라하기

☑☐☐ **Let's just agree to disagree.**
그냥 서로 의견이 다른 걸 인정하자.

☐☐☐ **Let's just get it over with.**
그냥 얼른 끝내 버리자.

☐☐☐ **Let's just watch some TV.**
그냥 TV나 좀 보자.

☐☐☐ **Let's just ask.**
그냥 물어보자.

☐☐☐ **Let's just go over there.**
그냥 저쪽으로 가자.

agree to disagree 서로 의견 차이를 인정하다
show up 나타나다, 오다
call it a day (오늘) 하던 일을 중단하다
get it over with 얼른 끝내 버리다
wait and see 기다려 보다
keep calling 계속 전화하다

## STEP 2 대화에서 쓰임 확인하기

**들으면서 따라 말해 보세요.**

A You think Jay will show up?

B Maybe.

A After what he said to you?

B **Who knows?**
**Let's just wait and see.**

**우리말만 보고 영어로 말해 보세요.**

A Jay가 올 것 같아?

B 어쩌면.

A 너한테 그런 식으로 말해 놓고?

B 누가 아냐? **그냥 한번 기다려 보자.**

## STEP 3 응용 회화 말하기

A It's seven, Jane.

B Already?

A 7시예요, Jane.

B 벌써요? **오늘은 그냥 여기서 끝냅시다.**

답 : Let's just call it a day.

### 누가 알아?

'누가 알아?'는 영어로도 그대로 바꿔서 Who knows?라고 하면 됩니다. '누가 알아?'라는 건 '모르는 일이지'라는 뜻이겠죠.

A Why does Karen keep calling me?

B **Who knows?** She likes you, maybe.

A Karen이 왜 자꾸 나한테 전화하지?

B **누가 알아?** 널 좋아하는 걸 수도 있지.

# Let's not...

## ~하지 말자

Let's...는 뭔가를 하자고 권유하는 표현인데, 여기에 not을 붙여 Let's not...이라고 하면 '~하지 말자'라는 뜻이 됩니다. 동사원형을 뒤에 붙여서 씁니다.

MP3 들어보기

**STEP 1** 세 번씩 따라하기

☑ ☐ ☐ **Let's not act like kids.**
애들처럼 행동**하지 말자.**

☐ ☐ ☐ **Let's not go out tonight.**
오늘 밤은 나가**지 말자.**

☐ ☐ ☐ **Let's not tell Anna.**
Anna한테 말**하지 말자.**

☐ ☐ ☐ **Let's not forget why we're here.**
우리가 왜 여기 왔는지 잊**지 말자.**

☐ ☐ ☐ **Let's not do that.**
그러**지 말자.**

---

act like kids 애들처럼 행동하다
go out 외출하다, 나가다
rash 무모한, 성급한
talk about ~에 대해 얘기하다
talk to oneself 혼잣말하다

## STEP 2 대화에서 쓰임 확인하기

**들으면서 따라 말해 보세요.**

A That man just called us stupid.

B **Just forget it.**

A No, I'm going to say something.

B Come on. **Let's not do anything rash.**

**우리말만 보고 영어로 말해 보세요.**

A 저 남자가 방금 우리를 바보라고 불렀어.

B 그냥 잊어버려.

A 아냐, 뭐라고 해야겠어.

B 그러지 마. **무모한 짓은 하지 말자.**

## STEP 3 응용 회화 말하기

A Let's talk about what happened today.

B go there

I'm too tired.

A 오늘 있었던 일에 대해 얘기 좀 하자.

B **그 얘기는 하지 말자.** 나 너무 피곤해.

답 : Let's not go there.

### 그냥 잊어버려

별일이 아니니까 '그냥 잊어버려'라고 할 때 Just forget it.이라고 하면 됩니다.

A Did you say something?

B I was talking to myself. **Just forget it.**

A 뭐라고 했어?

B 혼잣말이었어. **그냥 잊어버려.**

# Thanks for the...

## ~(해 줘서) 고마워

간단하게 고마움을 전하는 표현입니다. Thanks for 뒤에 the를 붙여 상대가 준 물건이나 도움에 대한 감사의 뜻을 나타내는 거죠. 뒤에는 명사를 쓰면 됩니다.

MP3 들어보기

### STEP 1 세 번씩 따라하기

☑ ☐ ☐ Thanks for the **heads-up.**
알려 **줘서 고마워.**

☐ ☐ ☐ Thanks for the **invite.**
초대해 **줘서 고마워.**

☐ ☐ ☐ Thanks for the **ride home.**
집까지 태워 **줘서 고마워.**

☐ ☐ ☐ Thanks for the **drinks.**
술 사 **줘서 고마워.**

☐ ☐ ☐ Thanks for the **awesome dinner.**
멋진 저녁 식사 **고마워.**

heads-up 미리 알림
an invite 초대
ride home 집까지 데려다줌
take a picture 사진을 찍다
That's what I would do. 나라면 그럴 거다.

## STEP 2 대화에서 쓰임 확인하기

**들으면서 따라 말해 보세요.**

A Wow. **Thanks for the great photos.**

B My pleasure.

A Look at these.
**You really are** good at taking pictures.

B I have a good camera. That helps.

**우리말만 보고 영어로 말해 보세요.**

A 와. **멋진 사진들 고마워.**

B 내가 기쁘지.

A 이것들 봐. 너 진짜로 사진 잘 찍네.

B 내 사진기가 좋잖아. 그게 도움이 되지.

## STEP 3 응용 회화 말하기

A

B Sure. That's what I would do.

A **조언 고마워.**

B 그래. 나라면 그렇게 할 거야.

답 : Thanks for the advice.

### 너 진짜로 ~하다

'너 진짜로 ~하다'는 You really are…라고 하면 됩니다.
상대의 능력이나 성격을 인정할 때 또는 책망할 때도 쓸 수 있습니다.

A I want to climb Mount Everest.

B **You really are** funny sometimes.

A 에베레스트 산 오르고 싶다.

B **너 진짜** 가끔씩 웃기다.

DAY 061

# All I'm saying is...

## 내 말은 ~라는 거지

어떤 상황이나 계획을 논의 중에 상대에게 다른 건 다 좋은데 딱 한 가지는 그냥 말해 주고 싶다고 전하는 표현입니다. 뒤에는 하고 싶은 말을 쓰면 되는데, All I'm saying is 다음에 살짝 쉬고 그다음 말을 이어서 하면 됩니다.

MP3 들어보기

### STEP 1 세 번씩 따라하기

☑ ☐ ☐ **All I'm saying is this is our shot.**
내 말은 이게 우리 기회라는 거지.

☐ ☐ ☐ **All I'm saying is don't get too cocky.**
내 말은 너무 거만 떨지 말라는 거지.

☐ ☐ ☐ **All I'm saying is you started it.**
내 말은 네가 먼저 시작했다는 거지.

☐ ☐ ☐ **All I'm saying is I just don't like it.**
내 말은 그냥 싫다는 거지.

☐ ☐ ☐ **All I'm saying is let's consider other options.**
내 말은 다른 방법도 고려해 보자는 거지.

---

shot 기회
consider other options 대안을 생각해 보다
overdo 오버하다
cocky 거만한
way too much 너무 많이
my two cents 내 의견

## STEP 2 대화에서 쓰임 확인하기

**듣으면서 따라 말해 보세요.**

A You think Ben likes me?

B Maybe. But you're laughing way too much.

A **What's wrong with** laughing**?**

B **All I'm saying is you're overdoing it.**
Just my two cents.

**우리말만 보고 영어로 말해 보세요.**

A Ben이 나 좋아하는 것 같아?

B 어쩌면. 그런데 너 너무 많이 웃는다.

A 웃는 게 어때서?

B **내 말은 네가 너무 오버한다는 거지.** 그냥 내 의견이야.

## STEP 3 응용 회화 말하기

A You don't think this will work?

B It could. you never

A 안 될 거라고 봐?

B 가능해. **내 말은 혹시 모른다는 거지.**

답 : All I'm saying is you never know.

### ~하는 게 어때서? / ~이 뭐가 문제인데?

'~하는 게 어때서?', '~이 뭐가 문제인데?'는 What's wrong with…?라고 하면 됩니다.

A You drink a lot of coffee.

B **What's wrong with** drinking coffee**?**

A 너 커피 많이 마신다.

B 커피 마시는 **게 어때서?**

# Can't you just...?

## 그냥 ~하면 안 돼?

상대에게 뭔가를 좀 해 달라고 요청할 때 쓰는 표현입니다. 하소연인 경우가 많죠. 뒤에는 상대가 했으면 하는 행동을 동사구 형태로 붙이면 됩니다.

MP3 들어보기

**STEP 1 세 번씩 따라하기**

☑☐☐ **Can't you just be quiet?**
그냥 조용히 하면 안 돼?

☐☐☐ **Can't you just say you're sorry?**
그냥 미안하다고 하면 안 돼?

☐☐☐ **Can't you just give it a rest?**
그냥 그만 좀 하면 안 돼?

☐☐☐ **Can't you just tell me the truth?**
그냥 나한테 사실대로 말해 주면 안 돼?

☐☐☐ **Can't you just do the dishes?**
그냥 설거지해 주면 안 돼?

---

give it a rest 그만하다
do the dishes 설거지하다
walk the dog 개를 산책시키다
tell the truth 사실대로 말하다
still need 여전히 필요하다

## STEP 2 대화에서 쓰임 확인하기

**들으면서 따라 말해 보세요.**

A Can't you just finish it now?

B It still needs a summary.

A Does it really need one?

B Yeah. Tom wants one.
So I have to do it.

**우리말만 보고 영어로 말해 보세요.**

A **이제 그냥 마무리하면 안 돼요?**

B 아직 요약이 필요해요.

A 그게 정말 필요해요?

B 네. Tom이 원해서요. 그러니까 해야 돼요.

## STEP 3 응용 회화 말하기

A You're not busy.

B All right. **Where's the** leash**?**

A 너 안 바쁘잖아. **그냥 강아지 산책 좀 시켜 주면 안 돼?**

B 알았어. 끈은 어디 있어?

답 : Can't you just walk the dog?

### ~ 어디 있어?

뭔가가 어디 있는지 물어볼 때는 Where's the...?라고 하면 됩니다.

A **Where's the** book**?**

B No idea.

A 책은 어디 있어?

B 몰라.

# Don't get all...

## 너무 ~하지 좀 마

상대에게 어떤 부정적인 행동을 하지 말라고 하소연할 때 씁니다. get all은 오버하는 걸 뜻하는데 Don't를 앞장세우면서 오버하지 말라는 뜻이 되는 겁니다. 뒤에는 형용사가 따르죠.

MP3 들어보기

**STEP 1** 세 번씩 따라하기

☑ ☐ ☐ **Don't get all** worked up.
너무 화내지 좀 마.

☐ ☐ ☐ **Don't get all** excited.
너무 흥분하지 좀 마.

☐ ☐ ☐ **Don't get all** high and mighty on me.
너무 나한테 잘난 척하지 좀 마.

☐ ☐ ☐ **Don't get all** sad.
너무 슬퍼하지 좀 마.

☐ ☐ ☐ **Don't get all** stupid.
너무 바보처럼 굴지 좀 마.

---

worked up 흥분한, 화내는
break up 헤어지다
be all right 괜찮아지다
high and mighty 잘난 척하는, 거만한
depressed 우울한
silly 멍청한, 엉뚱한

## STEP 2 대화에서 쓰임 확인하기

**들으면서 따라 말해 보세요.**

A We broke up.

B I'm sorry to hear that.

A **It's so** sad, you know? So sad.

B **Don't get all depressed.**
It'll be all right.

**우리말만 보고 영어로 말해 보세요.**

A 우리 헤어졌어.

B 안됐다.

A 너무 슬퍼, 알지? 정말 슬퍼.

B **너무 우울해하지 좀 마.** 괜찮아질 거야.

## STEP 3 응용 회화 말하기

A Hey, should I wear this pink wig?

B

A 야, 이 핑크색 가발 쓸까?

B **너무 멍청이처럼 그러지 좀 마.**

답 : Don't get all silly.

### 너무 ~해 / 정말 ~해

It's 뒤에 형용사를 써서 감정을 표현할 수 있죠? 여기에 so를 넣어서 It's so…라고 하면 그 감정을 더 강조할 수 있습니다.

A **It's so** cool.

B It is, isn't it?

A **정말** 멋지다.

B 맞아, 그치?

DAY 064

# Don't tell me...

## 설마 ~한 건 아니지?

믿기 힘들거나 뜻밖의 상황이 벌어졌을 때 상대에게 확인하며 물어보는 표현입니다. 뒤에는 '주어+동사'가 붙습니다.

**STEP 1** 세 번씩 따라하기

☑ ☐ ☐ **Don't tell me** you fell for that.
설마 속아 넘어간 건 아니지?

☐ ☐ ☐ **Don't tell me** you told May.
설마 May한테 얘기한 건 아니지?

☐ ☐ ☐ **Don't tell me** the game's over.
설마 게임이 끝난 건 아니지?

☐ ☐ ☐ **Don't tell me** I'm next.
설마 다음이 나는 아니지?

☐ ☐ ☐ **Don't tell me** you won.
설마 네가 이긴 건 아니지?

---

fall for ~에 속아 넘어가다
the occasion 특별한 날
break 고장 내다
be over 끝나다
Of course not. 물론 아니지.
get a bonus 보너스를 타다

## STEP 2 대화에서 쓰임 확인하기

**듣으면서 따라 말해 보세요.**

A **What's the occasion?**

B It's my mom's birthday.
**Don't tell me you forgot.**

A No, no. Of course not.

B Hmm. Well, let's go.

**우리말만 보고 영어로 말해 보세요.**

A 오늘 무슨 날이야?

B 우리 엄마 생일이잖아. **설마 까먹은 건 아니지?**

A 아니, 아니. 그럴 리가.

B 흠. 뭐, 가자고.

## STEP 3 응용 회화 말하기

A Somebody broke my mouse.

B

A 누군가 내 마우스를 고장 냈어.

B **설마 내가 했다고 생각하는 건 아니지?**

답 : Don't tell me you think I did it.

### 오늘 무슨 날이야?

오늘이 무슨 날인지 궁금할 때는 What's the occasion?이라고 하면 됩니다.
참고로 '무슨 요일이야?'라고 할 때는 What day is it?이라고 하죠.

A **What's the occasion?**

B I got my bonus.

A 오늘 무슨 날이야?

B 보너스 탔어.

# No wonder...

## 그러니까 ~하지 / 어쩐지 ~하더라

'~하는 게 당연하다', '~은 놀랄 일이 아니다', 즉 그럴 만하다는 뜻입니다. 어떤 결과에 대한 이유가 딱 이해가 될 때 씁니다. 뒤에는 결과를 나타내는 내용이 '주어+동사' 형태로 따릅니다.

MP3 들어보기

**STEP 1** 세 번씩 따라하기

☑☐☐ **No wonder** Jane's upset.
그러니까 Jane이 화를 내지.

☐☐☐ **No wonder** the show's canceled.
그러니까 프로그램이 취소됐지.

☐☐☐ **No wonder** you're so happy.
그러니까 네 기분이 그렇게 좋지.

☐☐☐ **No wonder** I couldn't see you.
어쩐지 네가 안 보이더라.

☐☐☐ **No wonder** I had a headache.
어쩐지 머리가 아프더라.

---

have a headache 머리가 아프다
go public 주식을 상장하다
ups and downs 오르내림, 기복
loaded 돈이 많은
get rich 부자가 되다
tasty 맛있는

## STEP 2 대화에서 쓰임 확인하기

**들으면서 따라 말해 보세요.**

A Wow, Joe's loaded, huh?

B Yep. His company just went public.

A **No wonder he got so rich.**

B Well, he had his ups and downs.
He wasn't always wealthy.

**우리말만 보고 영어로 말해 보세요.**

A 와, Joe 돈 정말 많네, 그치?

B 응. 얼마 전에 회사가 주식 상장했잖아.

A **그러니까 떼부자가 됐지.**

B 뭐, 나름 우여곡절을 겪었지. 항상 부자였던 건 아냐.

## STEP 3 응용 회화 말하기

A **The food was so** salty.

B

A 음식이 정말 짰어.

B **어쩐지 물을 그렇게 많이 마시더라.**

답 : No wonder you drank so much water.

### 음식이 정말 ~했어

음식을 먹은 후의 느낌을 얘기할 때는 The food was so…라고 하면 됩니다.

A **The food was so** tasty.

B It was. I loved it.

A **음식이 정말** 맛났어.

B 맞아. 너무 좋았어.

DAY 066

# We should probably...

## (우리) ~하는 게 좋겠는데

뭔가를 제안할 때 쓸 수 있는 표현입니다. '아마'를 뜻하는 probably를 넣어 부드러운 느낌을 주죠. 뒤에는 동사원형이 붙습니다.

MP3 들어보기

### STEP 1 세 번씩 따라하기

☑☐☐ **We should probably** get going.
**우린** 이만 가 보는 **게 좋겠어.**

☐☐☐ **We should probably** get back to work.
일을 다시 시작하는 **게 좋겠는데.**

☐☐☐ **We should probably** not watch this.
이거 안 보는 **게 좋겠는데.**

☐☐☐ **We should probably** find out.
알아보는 **게 좋겠는데.**

☐☐☐ **We should probably** tell everyone.
모두에게 말해 주는 **게 좋겠는데.**

---

get going 출발하다, 시작하다
get back to work 일을 다시 시작하다
find out 알아보다
get to bed 자다, 자러 가다
take a break 잠깐 쉬다
start at ~에 시작하다

## STEP 2 대화에서 쓰임 확인하기

**들으면서 따라 말해 보세요.**

A **What time is** the seminar tomorrow**?**

B Let's see. Ah, it's at 8.

A **We should probably get to bed.**

B Okay. Let's do that.

**우리말만 보고 영어로 말해 보세요.**

A 내일 세미나 몇 시야?

B 한번 보자. 아, 8시네.

A **자는 게 좋겠는데.**

B 그래. 그러자.

## STEP 3 응용 회화 말하기

A It's three already.

B Really? take

A 벌써 3시야.

B 그래? **잠깐 쉬는 게 좋겠는데.**

답 : We should probably take a break.

### ~ 몇 시야?

행사나 모임 시간이 언제인지 궁금할 때는 What time is…?라고 하면 됩니다.

A **What time is** the party**?**

B It starts at noon.

A 파티 **몇 시야?**

B 정오에 시작해.

저자강의를
들어보세요

# Unit 11

# 딱 한 단어로 시작하기


| | |
|---|---|
| **DAY 067** | Can't... ~못 하겠어 / ~이 안 돼 |
| **DAY 068** | Be... ~해 |
| **DAY 069** | Quit... ~그만해 / 그만 ~해 |
| **DAY 070** | Go... (가서) ~해 |
| **DAY 071** | Like... 마치 ~할 것처럼 그런다 |
| **DAY 072** | Nice... ~멋지네 |

# Can't...

## ~ 못 하겠어 / ~이 안 돼

I can't...에서 I를 생략하고 Can't...라고만 해도 뭔가를 못 하겠다는 뜻이 됩니다. 간단하지만 막상 주어 없이 쓰려고 하면 왠지 뭔가 빠뜨린 느낌이 들 수도 있습니다. 뒤에는 그냥 동사 원형을 넣으면 그만입니다.

MP3 들어보기

**STEP 1** 세 번씩 따라하기

☑☐☐ **Can't go.**
못 가겠어.

☐☐☐ **Can't do it.**
못 하겠어.

☐☐☐ **Can't help you.**
너 못 도와주겠어.

☐☐☐ **Can't remember.**
기억이 안 나.

☐☐☐ **Can't see you getting up early.**
네가 일찍 일어나는 게 상상이 안 돼.

---

get up early 일찍 일어나다
(Do you) Want me to...? 내가 ~할까?
think of ~을 생각하다
pick up (가게 등에서) 사다, 찾아오다
Nah. 아니. / 아냐.

## STEP 2 대화에서 쓰임 확인하기

**들으면서 따라 말해 보세요.**

A **I'm going to** the store.

B Okay.

A Want me to pick up anything?

B Nah. **Can't think of anything.**

**우리말만 보고 영어로 말해 보세요.**

A 나 가게 간다.

B 그래.

A 뭐 사다 줄 거 있어?

B 아니. **아무것도 안 떠올라.**

## STEP 3 응용 회화 말하기

A Does it hurt when I do this?

B No.

A 내가 이렇게 하면 아파?

B 아니. **아무것도 못 느끼겠어.**

답 : Can't feel anything.

### 나 ~에 갈게

어딘가에 간다고 밝힐 때는 I'm going to... 뒤에 행선지만 붙여 주면 됩니다.

A **I'm going to** school.

B All right. See you later.

A 나 학교 **갈게.**

B 알았어. 나중에 봐.

DAY 068

# Be...

## ~해

Be로 시작하는 표현을 생각해 보면 '조용히 해'라는 뜻의 Be quiet이 먼저 떠오르나요? 이외에도 Be 뒤에 다양한 형용사를 붙여 어떻게 행동하도록 권하는 표현을 만들 수 있습니다.

MP3 들어보기

**STEP 1** 세 번씩 따라하기

☑ ☐ ☐ **Be cool.**

침착하게 행동해.

☐ ☐ ☐ **Be good.**

착하게 굴어.

☐ ☐ ☐ **Be ready.**

준비하고 있어.

☐ ☐ ☐ **Be happy.**

행복하게 지내.

☐ ☐ ☐ **Be fair to everyone.**

모두에게 공평해야 돼.

---

cool 침착한
beat the traffic 교통 정체를 피하다
What's in...? ~에 뭐가 있는데?
fair 공평한, 공정한
careful 조심하는

## STEP 2 대화에서 쓰임 확인하기

**들으면서 따라 말해 보세요.**

A You leaving now?

B Yeah. **I want to** beat the traffic.

A It's raining. **Be careful driving.**

B Always.

**우리말만 보고 영어로 말해 보세요.**

A 지금 가?

B 어. 차 막히는 걸 피하고 싶어서.

A 비 온다. **운전 조심해.**

B 언제나.

## STEP 3 응용 회화 말하기

A Oh, no. Jane is here.

B

Smile and talk to her.

A 이런. Jane 왔다.

B **이번엔 착하게 굴어.** 웃으면서 얘기해 봐.

답 : Be nice this time.

### ~하고 싶어

뭔가를 하고 싶다고 말할 때는 I want to... 뒤에 동사원형을 쓰면 됩니다.

A **I want to** go to Spain.

B What's in Spain?

A 스페인 가**고 싶어.**

B 스페인에 뭐가 있는데?

DAY 069

# Quit...

## ~ 그만해 / 그만 ~해

Stop...도 Quit...과 비슷한 뜻이지만, Quit...은 어감이 더 세고 '급한 정지'의 느낌이 있습니다. Quit 뒤에 바로 멈췄으면 하는 상대의 행동을 붙이면 됩니다.

**STEP 1** 세 번씩 따라하기

☑ ☐ ☐ **Quit that.**
그거 **그만해.**

☐ ☐ ☐ **Quit moving around.**
왔다 갔다 **그만해.**

☐ ☐ ☐ **Quit complaining.**
불평불만 **그만해.**

☐ ☐ ☐ **Quit your yakking.**
**그만** 재잘거려.

☐ ☐ ☐ **Quit bothering me.**
나 좀 **그만** 성가시게 **해.**

move around 왔다 갔다 하다
yak 재잘거리다, 수다 떨다
stubborn 고집스러운
complain 불평하다, 항의하다
bother 성가시게 하다
Too bad. 할 수 없지.

## STEP 2 대화에서 쓰임 확인하기

**들으면서 따라 말해 보세요.**

A You sure?

B Yeah. **I'm not** go**ing**.

A **Quit being stubborn.**
They're all waiting.

B Well, too bad.

**우리말만 보고 영어로 말해 보세요.**

A 확실해?

B 응. 나 안 가.

A **고집 그만 부려.** 다들 기다리고 있단 말이야.

B 뭐, 할 수 없지.

## STEP 3 응용 회화 말하기

A

B What sound are you talking about?

A **그 소리 그만 내.**

B 무슨 소리 말하는 거야?

답 : Quit making that sound.

이건 뭐라고 말할까?

### 나 안 ~해 / 나 ~하는 거 아냐

내가 뭔가를 하는 게 아니거나 안 할 거라고 할 때는 I'm not -ing를 쓰면 됩니다.

A Let's watch this movie.

B What? **I'm not** watch**ing** a three-hour French movie.

A 이 영화 보자.

B 뭐? **나** 3시간짜리 프랑스 영화 **안 봐.**

DAY 070

# Go...

## (가서) ~해

Go 뒤에 동사구를 붙이면 상대에게 뭔가를 하라고 말하는 표현이 됩니다. 원래는 Go and...인데, and을 생략하고 Go...의 형태로 많이 쓰입니다.

MP3 듣어보기

**STEP 1** 세 번씩 따라하기

☑ ☐ ☐ **Go tell your mom.**
너희 엄마한테 얘기해.

☐ ☐ ☐ **Go get your hat.**
네 모자 가져와.

☐ ☐ ☐ **Go wash your hands.**
손 씻어.

☐ ☐ ☐ **Go ask Dean.**
Dean한테 물어봐.

☐ ☐ ☐ **Go study for the test.**
시험공부 해.

---

wash one's hands 손을 씻다
I could eat a horse. 정말 배가 고프다.
I might... 나 ~할까 봐
study for ~을 위해 공부하다
something to eat 먹을거리
go grab ~을 먹으러 가다, ~을 가지러 가다

## STEP 2 대화에서 쓰임 확인하기

**들으면서 따라 말해 보세요.**

A I'm starving.
I could eat a horse.

B **Go get something to eat.**

A Yeah. I might just go grab a burger.

B Get me one, too, **while** you're **at it**.

**우리말만 보고 영어로 말해 보세요.**

A 정말 배고프다. 말이라도 먹을 수 있겠어.

B **뭐 좀 먹어.**

A 그래. 그냥 가서 버거나 먹을까 봐.

B 이왕 하는 김에 나도 하나 사다 줘.

## STEP 3 응용 회화 말하기

A grab

B Your keys? Where are they?

A **내 자동차 키 가져와.**

B 네 키? 어디 있는데?

답 : Go grab my car keys.

**이건 뭐라고 말할까?**

### (이왕) 하는 김에 / 내친 김에

이왕 하는 김에 다른 것도 한다고 말할 때 while ~ at it이라고 합니다.
사이에는 while I'm at it, while you're at it처럼 '주어+be동사'를 넣으면 됩니다.

A Going to get gas?

B Yep. I'll check the tires **while** I'm **at it**.

A 기름 넣으러 가니?

B 응. **내친 김에** 타이어 압력도 체크할게.

DAY 071

# Like...

## 마치 ~할 것처럼 그런다

Like 뒤에 '주어+동사' 문장을 붙여 주면 '마치 ~할 것처럼 그런다'라는 뜻이 됩니다. 빈정대는 뉘앙스가 강한 표현이죠.

MP3 들어보기

**STEP 1** 세 번씩 따라하기

☑ ☐ ☐ **Like you got a shot.**
마치 너 기회나 있는 것처럼 그런다.

☐ ☐ ☐ **Like she's going to know.**
마치 걔가 알게 될 것처럼 그런다.

☐ ☐ ☐ **Like you know the story.**
마치 네가 그 얘길 아는 것처럼 그런다.

☐ ☐ ☐ **Like Dad will let us go.**
마치 아빠가 우릴 보내 줄 것처럼 그런다.

☐ ☐ ☐ **Like it's my fault.**
마치 내 잘못인 것처럼 그런다.

---

get a shot 기회를 얻다
coming up 다가오는
beat one's score ~의 점수를 깨다
know the story 사정을 알다
all I need 단지 내가 필요한 것

## STEP 2 대화에서 쓰임 확인하기

**들으면서 따라 말해 보세요.**

A **What are you up to?**

B Studying. I have an exam coming up.

A You're studying?
**Like you'll ever get an A.**

B I don't need an A. All I need is a C.

**우리말만 보고 영어로 말해 보세요.**

A 뭐 해?

B 공부. 곧 시험이야.

A 네가 공부를 한다고? **마치 언제 A 학점이라도 받을 것처럼 그런다.**

B A 학점 필요 없어. C 학점이면 돼.

## STEP 3 응용 회화 말하기

A I'm gonna beat your score today.

B

A 오늘 네 점수 깰 거야.

B **마치 내가 그러게 놔둘 것처럼 그런다.**

답 : Like I'm going to let you.

**뭐 해?**

What are you up to?는 무엇을 하고 있는지 물어보는 것이 아니라
친한 사이에 쓰는 간단한 인사 표현입니다.

A Hey, Paula. **What are you up to?**

B Just relaxing.

A 안녕, Paula. **뭐 해?**

B 그냥 쉬는 거야.

DAY 072

# Nice...

## ~ 멋지네

That's a nice...나 Those are nice...에서 주어, 동사를 생략한 표현입니다. 뭔가 멋진 것을 봤을 때 먼저 Nice를 쓰고 그다음에 그 대상인 명사를 쓰면 되죠.

### STEP 1 세 번씩 따라하기

☑ ☐ ☐ **Nice watch.**
시계 멋지네.

☐ ☐ ☐ **Nice pair of shoes.**
신발 멋지네.

☐ ☐ ☐ **Nice place.**
집 멋지네.

☐ ☐ ☐ **Nice sunset.**
노을 멋지네.

☐ ☐ ☐ **Nice view.**
전망 멋지네.

---

a pair of 한 쌍의
view 전망
shades 선글라스
place 사는 곳, 집
a set of wheels 자동차

## STEP 2 대화에서 쓰임 확인하기

**들으면서 따라 말해 보세요.**

A Where's your car?

B Over there. The red one.

A Wow! **Nice set of wheels.**

B Thanks.

**우리말만 보고 영어로 말해 보세요.**

A 차 어디 있어요?

B 저기요. 빨간색 차.

A 와! **차 멋지네요.**

B 고마워요.

## STEP 3 응용 회화 말하기

A **What do you think?**

B Oh! shades

A 어때?

B 오! **선글라스 멋지네.**

답 : Nice shades.

### 이건 뭐라고 말할까?

**어때? / 어때 보여?**

상대방의 생각을 물어볼 때는 What do you think?라고 하면 됩니다.

A **What do you think?**

B Beautiful!

A 어때?

B 예쁘다!

저자강의를
들어보세요

# Unit 12

# 뜬금없이 동사로 시작하는 표현


| | | |
|---|---|---|
| DAY 073 | Feel free to… | 편하게 ~해 / 부담 갖지 말고 ~해 |
| DAY 074 | Make sure you… | (너) ~해야 돼 |
| DAY 075 | Care for…? | ~ 줄까? / ~ 할래? |
| DAY 076 | Care to…? | ~해 볼래? / ~ 안 할래? |
| DAY 077 | Mind if I…? | (내가) ~해도 돼? |
| DAY 078 | Looks like I'm… | 난 ~인 것 같군 |
| DAY 079 | Sounds like… | ~인 것 같은데 |
| DAY 080 | Talk about… | ~하다 정말 |
| DAY 081 | Think about… | ~을 생각해 봐 |
| DAY 082 | Turns out… | 알고 보니 ~ |

# Feel free to...

## 편하게 ~해 / 부담 갖지 말고 ~해

어떤 행동을 free, 즉 편하게, 마음 놓고, 부담 없이 해도 된다는 뜻입니다. 일상에서는 물론, 비즈니스 상황에서도 유용하게 쓸 수 있는 표현이죠. 뒤에 동사원형이 붙습니다.

**STEP 1** 세 번씩 따라하기

☑ ☐ ☐ **Feel free to tell me anything.**
뭐든 편하게 얘기해.

☐ ☐ ☐ **Feel free to call me anytime.**
아무 때나 편하게 전화해.

☐ ☐ ☐ **Feel free to look around.**
편하게 둘러봐.

☐ ☐ ☐ **Feel free to join us.**
부담 갖지 말고 우리랑 같이 가자.

☐ ☐ ☐ **Feel free to get whatever you want from the fridge.**
부담 갖지 말고 냉장고에서 뭐든 원하는 거 꺼내.

---

tell ~ anything ~에게 뭐든 말하다
join 함께하다
run out of ~이 떨어지다, ~이 고갈되다
look around 둘러보다
whatever you want 네가 원하는 것은 뭐든지
Lucky you. 너 운 좋다.

## STEP 2 대화에서 쓰임 확인하기

**들으면서 따라 말해 보세요.**

A I'll see you tomorrow night.

B Oh. **Feel free to bring your girlfriend.**

A Is that all right?

B Sure. **I would love to** meet her.

**우리말만 보고 영어로 말해 보세요.**

A 내일 저녁에 봐.

B 아. **부담 갖지 말고 여친도 데려와.**

A 그래도 괜찮아?

B 그럼. 정말 만나고 싶어.

## STEP 3 응용 회화 말하기

A What? My pen just ran out of ink.

B

A 뭐야? 내 펜 방금 잉크가 떨어졌어.

B **편하게 그냥 내 거 써.**

답 : Feel free to just use mine.

### 정말 ~하고 싶다 / ~했으면 좋겠다

뭔가를 간절히 하고 싶을 때는 I would love to…라고 하면 됩니다.

A I'm going to California next month.

B Lucky you. **I would love to** go there.

A 나 다음 달에 캘리포니아에 가.

B 운이 좋네. **나도** 거기 가 봤**으면 좋겠다.**

DAY 074

# Make sure you...

## (너) ~해야 돼

Make sure는 뭔가를 확실하게 하라는 뜻입니다. 여기에 you를 넣었으니 상대에게 뭔가를 잊지 말고 반드시 하라고 촉구하는 것이죠. 뒤에는 동사구를 붙입니다.

**STEP 1** 세 번씩 따라하기

☑ ☐ ☐ **Make sure you** bring your laptop.
너 노트북 챙겨와**야 돼**.

☐ ☐ ☐ **Make sure you** locked the door.
문 잠갔는지 확인**해야 돼**.

☐ ☐ ☐ **Make sure you** call me tomorrow.
내일 나한테 전화**해야 돼**.

☐ ☐ ☐ **Make sure you** go to bed by midnight.
자정까지 자**야 돼**.

☐ ☐ ☐ **Make sure you**'re there by three.
3시까지는 도착**해야 돼**.

---

laptop 노트북 컴퓨터
overcook 너무 익히다
water the plants 식물에 물을 주다
lock the door 문을 잠그다
mop the floor 마루를 걸레질하다

## STEP 2 대화에서 쓰임 확인하기

**듣으면서 따라 말해 보세요.**

A What are you cooking?

B Fish.

A **Make sure you don't overcook the fish this time.**

B What? **I never** overcook my fish.

**우리말만 보고 영어로 말해 보세요.**

A 무슨 요리해?

B 생선.

A **이번엔 생선 너무 오래 익히지 말아야 돼.**

B 뭐? 난 절대 생선을 너무 오래 익히지 않거든.

## STEP 3 응용 회화 말하기

A I'm done mopping the floor.

B Good.

A 마루 걸레질 다 했어.

B 잘했어. **식물들에 물도 줘야 돼.**

답 : Make sure you water the plants, too.

### (나) 절대 ~하지 않아

I never... 패턴을 쓰면 I don't...보다 의미가 더 강조됩니다.

A You lied to me.

B What do you mean? **I never** lie to you.

A 너 나한테 거짓말했어.

B 무슨 소리야? **절대** 너한테 거짓말**하지 않거든.**

# Care for...?

## ~ 줄까? / ~ 할래?

Would you care for...?에서 Would you를 생략한 표현으로, 상대의 의향을 물어볼 때 씁니다. 뒤에 some이나 a little 같은 수식어와 함께 명사를 쓰는 경우가 많습니다.

MP3 들어보기

**STEP 1** 세 번씩 따라하기

☑ ☐ ☐ **Care for a drink?**
마실 거 줄까?

☐ ☐ ☐ **Care for a little nightcap?**
자기 전에 술 한잔 할래?

☐ ☐ ☐ **Care for another one?**
하나 더 줄까?

☐ ☐ ☐ **Care for some gum?**
껌 좀 줄까?

☐ ☐ ☐ **Care for some coffee?**
커피 좀 줄까?

---

a drink 마실 것
whatever you got 있는 거 아무거나
nightcap 자기 전에 마시는 술 한잔
freshly squeezed 막 짠

## STEP 2 대화에서 쓰임 확인하기

**들으면서 따라 말해 보세요.**

A **Care for a cup of tea?** Or maybe some coffee?

B I'll take a cup of coffee.

A Instant okay?

B Sure, whatever you got.

**우리말만 보고 영어로 말해 보세요.**

A **차 한잔 줄까?** 아니면 커피?

B 커피 한잔 할게요.

A 인스턴트 괜찮아?

B 그럼요, 뭐든 있는 걸로요.

## STEP 3 응용 회화 말하기

A

It's freshly squeezed.

B **I'm good, thanks.** I've got water.

A **오렌지주스 좀 줄까?** 막 짜낸 건데.

B 고맙지만 괜찮아. 나 물 있어.

답 : Care for some orange juice?

### 고맙지만 괜찮아

감사의 뜻을 전하면서 사양할 때 I'm good, thanks.라고 하면 됩니다.

A Would you like more peanuts?

B **I'm good, thanks.**

A 땅콩 더 줄까요?

B 고맙지만 괜찮아요.

# DAY 076 Care to...?

## ~해 볼래? / ~ 안 할래?

Would you care to...?에서 Would you를 생략한 표현입니다. 상대에게 간단하게 뭔가를 요청하거나 의사를 물을 때 씁니다. 뒤에는 동사를 쓰면 됩니다.

MP3 들어보기

**STEP 1** 세 번씩 따라하기

☑□□ **Care to explain?**
설명해 볼래?

□□□ **Care to elaborate on that?**
그것에 대해 자세히 말해 볼래?

□□□ **Care to join me?**
나랑 같이 안 갈래?

□□□ **Care to repeat that?**
그거 다시 말해 볼래?

□□□ **Care to order?**
주문하시겠어요?

elaborate on ~에 대해 자세히 말하다
look for ~을 찾다
check one's email 이메일을 확인하다
explain oneself 해명하다
wait outside 밖에서 기다리다

## STEP 2 대화에서 쓰임 확인하기

**들으면서 따라 말해 보세요.**

A What are you doing with my purse?

B Oh, hey. It's not what it looks like.

A Okay. **Then care to explain yourself?**

B **I was just** look**ing** for a pen. Sorry.

**우리말만 보고 영어로 말해 보세요.**

A 내 지갑 가지고 뭐 하니?

B 아, 안녕. 보이는 것같이 이상한 거 아니야.

A 좋아. **그럼 해명해 볼래?**

B 난 그냥 펜을 찾고 있었어. 미안.

## STEP 3 응용 회화 말하기

A Tom will be back soon.

B Yeah. I'll just wait outside.

A Tom이 금방 돌아올 거야. **기다리지 않을래?**

B 네. 그냥 밖에서 기다릴게요.

답 : Care to wait for him?

### 그냥 ~하고 있었어

'~하고 있었어'는 I was -ing인데, 여기에 just를 넣어서 I was just -ing라고 하면 '그냥 ~하고 있었어'라는 뜻이 됩니다.

A I'm not interrupting, am I?

B No. **I was just** check**ing** my email.

A 내가 방해하는 건 아니지?

B 아냐. **그냥** 이메일 확인**하고 있었어.**

DAY 077

# Mind if I...?

## (내가) ~해도 돼?

Do you mind if I...?에서 Do you를 생략한 표현입니다. 상대에게 뭔가를 요청하거나 허락을 구할 때 씁니다. 뒤에는 자신이 하고자 하는 행동을 동사구 형태로 붙이면 됩니다.

MP3 들어보기

**STEP 1 세 번씩 따라하기**

☑ □ □ **Mind if I ask you something?**
뭐 좀 물어봐도 돼?

□ □ □ **Mind if I go now?**
이제 가도 돼?

□ □ □ **Mind if I give it a try?**
내가 한번 해 봐도 돼?

□ □ □ **Mind if I borrow that?**
그거 빌려도 돼?

□ □ □ **Mind if I eat the cookie?**
내가 쿠키 먹어도 돼?

ask ~ something ~에게 뭔가를 물어보다
borrow 빌리다
elbow 팔꿈치로 치다
give it a try 시도하다, 한번 해 보다
have a sip 한 모금 마시다

## STEP 2 대화에서 쓰임 확인하기

**들으면서 따라 말해 보세요.**

A Wow. Is that coffee?

B Yeah. It's got cream in it.

A **Mind if I have a sip?**

B Not at all.

**우리말만 보고 영어로 말해 보세요.**

A 와. 그거 커피야?

B 응. 크림도 들었어.

A **한 모금 마셔 봐도 돼?**

B 물론이지.

## STEP 3 응용 회화 말하기

A Excuse me.

B No. **You're good.**

A 저기요. **여기 앉아도 돼요?**

B 네. 괜찮아요.

답 : Mind if I sit here?

### 괜찮아요

'난 괜찮아요', '상관없어요'라고 할 때 You're good.이라고 하면 됩니다. That's okay. 또는 No problem.이라고 해도 같은 뜻이죠.

A I think I elbowed you. Sorry.

B Ah, **you're good.**

A 팔꿈치로 친 것 같네요. 미안해요.

B 아. **괜찮아요.**

# Looks like I'm...

## 난 ~인 것 같군

It looks like I'm...을 더 줄인 표현입니다. 새삼 뭔가를 인식하거나 깨달았을 때 쓰죠. 뒤에는 명사나 동명사, 혹은 전치사구가 올 수 있습니다.

MP3 들어보기

**STEP 1** 세 번씩 따라하기

☑ ☐ ☐ **Looks like I'm** a goner.
난 끝난 것 같군.

☐ ☐ ☐ **Looks like I'm** the bad guy again.
난 또 나쁜 놈이 된 것 같군.

☐ ☐ ☐ **Looks like I'm** going with you.
난 너하고 함께 가는 것 같군.

☐ ☐ ☐ **Looks like I'm** joining the team.
난 팀에 합류하는 것 같군.

☐ ☐ ☐ **Looks like I'm** on a roll.
난 계속 운이 따르는 것 같군.

---

a goner 끝난 사람, 가망 없는 사람
the bad guy 나쁜 사람
join the team 팀에 합류하다
on a roll 계속 운이 따르는, 잘 되어 가는
a passing shower 지나가는 소나기

## STEP 2 대화에서 쓰임 확인하기

**들으면서 따라 말해 보세요.**

A I'd better get going now.

B Wait. Is that rain I hear?

A Oh, boy. Yeah.
**Looks like I'm not leaving yet.**

B **I'm sure** it's just a passing shower.

**우리말만 보고 영어로 말해 보세요.**

A 이제 가는 게 좋겠어.

B 잠깐. 이거 빗소리 아냐?

A 나 참. 그래. **난 아직 못 갈 것 같군.**

B 그냥 지나가는 소나기일 거야.

## STEP 3 응용 회화 말하기

A Your girlfriend's been waiting for over an hour.

B Oh, no.

A 여친이 한 시간 넘게 기다리고 있었어.

B 아, 이런. **난 큰일 난 것 같군.**

답 : Looks like I'm in trouble.

### ~일 거야 / ~인 게 확실해

'~일 거야', '~인 게 확실해'라고 할 때는 I'm sure... 뒤에 확신하는 내용을 붙이면 됩니다.

A I'm pretty nervous.

B Don't worry. **I'm sure** you'll do great.

A 꽤 긴장되네.

B 걱정 마. 넌 잘**할 거야.**

공부한날 월  일

# Sounds like...

## ~인 것 같은데

앞에 It이나 That이 생략된 표현입니다. 맥락에 따라 때로는 Sounds like 대신 Seems like 또는 Looks like라고 할 수도 있습니다. 뒤에는 명사나 '주어+동사'가 따릅니다.

MP3 들어보기

### STEP 1 세 번씩 따라하기

☑☐☐ **Sounds like a plan.**
좋은 생각 같은데.

☐☐☐ **Sounds like a good company.**
좋은 회사 같은데.

☐☐☐ **Sounds like it's time to go home.**
집에 가야 할 시간인 것 같은데.

☐☐☐ **Sounds like you got a bargain.**
싸게 손에 넣은 것 같은데.

☐☐☐ **Sounds like you got it made.**
앞길이 확 트인 것 같은데.

---

It's time to... ~할 시간이다
got it made 앞길이 확 트였다, 이룰 건 다 이뤘다
make up one's mind 마음을 정하다, 결심하다
get a bargain 물건을 싸게 사다
go for it 해 보다

## STEP 2 대화에서 쓰임 확인하기

**들으면서 따라 말해 보세요.**

A So are you going to go for it?

B Well, if I don't, I might regret it.

A **Sounds like you've made up your mind.**

B Yeah. I guess I have.

**우리말만 보고 영어로 말해 보세요.**

A 그래서 해 볼 거야?

B 뭐, 안 하면 후회할지도 몰라서.

A **마음을 정한 것 같은데.**

B 응. 그런 것 같아.

## STEP 3 응용 회화 말하기

A **I can't stop thinking about** Vera.

B ______________________ in love

A 계속 Vera 생각만 나네.

B **너 사랑에 빠진 거 같은데.**

답 : Sounds like you're in love.

### 계속 ~ 생각만 나

'계속 ~ 생각만 나', '~에 대해 생각하는 걸 멈출 수 없어'는 I can't stop thinking about… 패턴을 써서 표현합니다.

A **I can't stop thinking about** the test.

B Well, the results will be out tomorrow.

A **계속** 시험 **생각만** 나네.

B 뭐, 내일이면 결과가 나오는데.

# Talk about...

## ~하다 정말

네이티브들이 뭔가의 크기나 양, 심각성 등을 강조해서 말할 때 자주 쓰는 표현입니다. 흔히 부정적인 뉘앙스를 나타냅니다. 뒤에는 보통 형용사가 따르지만 명사나 동명사를 쓰기도 합니다.

MP3 들어보기

**STEP 1** 세 번씩 따라하기

☑ ☐ ☐ **Talk about dumb.**
바보 같다 정말.

☐ ☐ ☐ **Talk about crazy.**
미쳤다 정말.

☐ ☐ ☐ **Talk about long.**
길다 정말.

☐ ☐ ☐ **Talk about having problems.**
문제가 많다 정말.

☐ ☐ ☐ **Talk about a lazy person.**
게으른 사람이다 정말.

---

dumb 바보 같은
a talk 연설
freezing 몹시 추운
have problems 문제가 많다
Guess what? 있잖아.
new policy 새 방침

## STEP 2 대화에서 쓰임 확인하기

**들으면서 따라 말해 보세요.**

A **What was** the talk **about?**

B Fossils. Fossil categories.

A **Talk about boring.**

B And guess what?
He talked for two hours.

**우리말만 보고 영어로 말해 보세요.**

A 연설 내용이 뭐였어?

B 화석. 화석의 범주.

A **지루하다 정말.**

B 그리고 있잖아. 두 시간이나 연설을 했어.

## STEP 3 응용 회화 말하기

A Wow.

B I know! I can't feel my hands.

A 와. **정말 춥다 정말.**

B 그러니까! 손에 감각이 없어.

답 : Talk about freezing.

### ~ 내용이 뭐였어?

내용이 뭐였는지 물어볼 때는 What was… about?이라고 하면 됩니다.

A **What was** the meeting **about?**

B It was about the new policy.

A 회의 **내용이 뭐였어?**

B 새 방침에 대한 거였어.

# Think about...

## ~을 생각해 봐

어떤 행동을 하기에 앞서 결과 등에 대해 고려해 보라고 할 때 쓰는 표현입니다. 또는 상대가 미처 생각하지 못한 부분을 상기시켜 줄 때 쓰기도 하죠. 뒤에는 명사나 명사구가 붙습니다.

MP3 들어보기

**STEP 1** 세 번씩 따라하기

☑☐☐ **Think about** that.

그걸 **생각해 봐.**

☐☐☐ **Think about** your friends.

네 친구들을 **생각해 봐.**

☐☐☐ **Think about** why you're here.

왜 여기 왔는지를 **생각해 봐.**

☐☐☐ **Think about** what you're saying.

네가 무슨 말 하고 있는지를 **생각해 봐.**

☐☐☐ **Think about** how much you like it here.

여길 얼마나 좋아하는지를 **생각해 봐.**

---

cheer up 기운내다
get a job 일자리를 얻다
got a chance 기회가 있다

## STEP 2 대화에서 쓰임 확인하기

**들으면서 따라 말해 보세요.**

A Come on, cheer up.

B I'm trying.

A **Think about this.**
You still got a chance.

B **I guess you're right.**

**우리말만 보고 영어로 말해 보세요.**

A 야, 기운 내.

B 노력하고 있어.

A **이걸 생각해 봐.** 아직 기회가 있어.

B 네 말이 맞는 것 같아.

## STEP 3 응용 회화 말하기

A You're graduating.

B I gotta get a job.

A 너 졸업하잖아. **그게 무슨 뜻인지를 생각해 봐.**

B 일자리를 찾아야지.

답 : Think about what that means.

### 네 말이 맞는 것 같아

상대의 말에 동의할 때 I guess you're right.이라고 말할 수 있습니다.

A Try this. This is better.

B Yeah. **I guess you're right.**

A 이거 써 봐. 이게 더 나아.

B 응. **네 말이 맞는 것 같네.**

# Turns out...

## 알고 보니 ~

It turns out...에서 It이 생략된 표현입니다. 어떤 사실을 결국 알게 됐을 때 쓸 수 있죠. 예상했던 것과 좀 달라서 놀란 느낌도 나타냅니다. 뒤에는 '주어+동사'를 붙입니다.

MP3 들어보기

**STEP 1** 세 번씩 따라하기

☑ ☐ ☐ **Turns out it was Joey.**
알고 보니 Joey였어.

☐ ☐ ☐ **Turns out I don't have to go.**
알고 보니 나 안 가도 돼.

☐ ☐ ☐ **Turns out it's on Monday, not Tuesday.**
알고 보니 화요일이 아니고 월요일이야.

☐ ☐ ☐ **Turns out you can sign up online.**
알고 보니 온라인으로 등록해도 돼.

☐ ☐ ☐ **Turns out Tina doesn't know.**
알고 보니 Tina는 모른대.

---

sign up 등록하다
both 둘 다
owe 빚지다
a guy 남자
not much 별로 없는

## STEP 2 대화에서 쓰임 확인하기

**들으면서 따라 말해 보세요.**

A I'm right? Pat is a guy?

B **Turns out we were both right.**

A **How's that?**

B Two Pats live there.
An older guy and a little girl.

**우리말만 보고 영어로 말해 보세요.**

A 내가 맞아? Pat이 남자야?

B **알고 보니 우리 둘 다 맞았어.**

A 어떻게?

B 두 명의 Pat이 거기 산대. 나이 든 남자와 여자아이.

## STEP 3 응용 회화 말하기

A What did the doctor say?

B Not much.

A 의사가 뭐래?

B 별말 없었어. **알고 보니 나 꽤 건강하대.**

답 : Turns out I'm pretty healthy.

### 어떻게? / 어째서?

왜 그런지 궁금할 때 How's that?이라고 할 수 있습니다.
다양한 상황에서 두루 쓸 수 있는 표현이죠.

A You owe me ten dollars.

B Ten dollars? **How's that?**

A 너 나한테 10달러 빚졌어.

B 10달러? **어째서?**

저자강의를
들어보세요

# Unit 13

# 앞에서 숨쉬고 끊어서 말하기


| | |
|---|---|
| **DAY 083** | Actually,… 사실 ~ |
| **DAY 084** | Fact is,… 실은 ~하거든 |
| **DAY 085** | Thing is,… 근데 말이야 ~ / 그게 있잖아 ~ |
| **DAY 086** | I was like, "…" 이 생각이 들더라 "~" / 이렇게 말했지 "~" |
| **DAY 087** | Chances are,… 아마 ~할 거야 / ~할 가능성이 높아 |
| **DAY 088** | What are you,…? 네가 뭐 ~냐? |
| **DAY 089** | For your information,… 몰라서 그런 것 같은데 ~ |

# Actually,...

## 사실 ~

'실은', '실제로'를 뜻하는 Actually를 써서 자신의 솔직한 심정을 말하거나 상대에게 현실을 상기시킬 수도 있습니다. 뒤에는 그 사실을 '주어+동사' 형태로 넣으면 됩니다.

MP3 들어보기

**STEP 1** 세 번씩 따라하기

☑ ☐ ☐ **Actually, I like it.**
사실 난 좋아.

☐ ☐ ☐ **Actually, that's not true.**
사실 그렇지 않아.

☐ ☐ ☐ **Actually, I am happy.**
사실 나 기분 좋아.

☐ ☐ ☐ **Actually, I can sing.**
사실 나 노래할 줄 알아.

☐ ☐ ☐ **Actually, it does come in two sizes.**
사실 두 가지 사이즈로 나오는 거 맞아.

---

come in ~로 나오다
maybe I should ~하는 게 좋겠다
two sizes 두 가지 사이즈
scary 무서운

## STEP 2 대화에서 쓰임 확인하기

**들으면서 따라 말해 보세요.**

A **Do I** push this**?** Or this?

B That one. You push that one.

A This one? Is it this one?

B **Actually, maybe I should do it.**
Let me have it.

**우리말만 보고 영어로 말해 보세요.**

A 이걸 눌러? 아니면 이거?

B 그거. 그거 누르는 거야.

A 이거? 이거 맞아?

B **사실 어쩌면 내가 하는 게 좋겠다.** 나한테 줘 봐.

## STEP 3 응용 회화 말하기

A You like horror movies?

B ______________________________ Too scary.

A 공포 영화 좋아해?

B **사실 공포 영화 정말 싫어해.** 너무 무서워.

답 : Actually, I really hate horror movies.

### ~하면 돼?

뭔가의 작동 방법이나 행동 방식을 물어볼 때는 Do I...?에 그 동작을 붙여서 확인하면 됩니다.

A **Do I** dip this in the sauce**?**

B You don't have to.

A 이거 소스에 찍으**면 돼?**

B 안 그래도 돼.

# Fact is,...

## 실은 ~하거든

Fact is,...는 받아들일 수밖에 없는 현실을 언급할 때 쓸 수 있습니다. 앞에 The를 붙여서 쓰기도 하죠. 콤마를 생략하고 is 뒤에 that을 붙여도 되지만, 그럴 경우 현장감이 살짝 떨어집니다. 뒤에는 '주어+동사'를 붙입니다.

MP3 들어보기

### STEP 1 세 번씩 따라하기

☑ ☐ ☐ **Fact is,** the train has already left.
실은 기차는 이미 떠났거든.

☐ ☐ ☐ **Fact is,** John ate it.
실은 그거 John이 먹었거든.

☐ ☐ ☐ **Fact is,** it's not Susan.
실은 Susan이 아니거든.

☐ ☐ ☐ **Fact is,** I like it a lot.
실은 나 그거 정말 좋아하거든.

☐ ☐ ☐ **Fact is,** you're totally wrong.
실은 너 완전히 틀리거든.

---

totally wrong 완전히 틀린
silly 웃긴, 우스꽝스러운
take time off 휴가를 내다, 휴학을 하다
matching (스타일 등이) 어울리는
stress ~ out ~에게 스트레스를 주다

## STEP 2 대화에서 쓰임 확인하기

**들으면서 따라 말해 보세요.**

A We look pretty cool, huh?
All matching and everything.

B Um, I don't know.

A Why are you laughing?

B **Fact is, we look silly.**

**우리말만 보고 영어로 말해 보세요.**

A 우리 꽤 멋져 보이지, 그치? 완전히 커플룩에다 말이야.

B 어, 모르겠어.

A 왜 웃어?

B **실은 우리 웃기게 보이거든.**

## STEP 3 응용 회화 말하기

A **Why don't you** join us**?** It'll be fun.

B

A 우리랑 같이 가지 그래? 재미있을 건데.

B **실은 나 너무 피곤하거든.**

답 : Fact is, I'm too tired.

### ~하지 그래?

상대에게 뭔가를 하라고 권할 때는 Why don't you...?라고 하면 됩니다.

A School is stressing me out.

B **Why don't you** take some time off**?**

A 학교에서 스트레스 너무 많이 받아.

B 휴학을 좀 해 보**지 그래?**

# Thing is,...

## 근데 말이야 ~ / 그게 있잖아 ~

솔직하게 말하거나 뭔가가 안 되는 이유를 언급할 때 쓰기 좋은 표현이죠. 앞에 The를 넣어서 The thing is,...라고 하기도 합니다. 뒤에는 '주어+동사'를 쓰면 됩니다.

MP3 들어보기

**STEP 1** 세 번씩 따라하기

Thing is, France is too expensive.
근데 말이야, 프랑스는 너무 비싸.

Thing is, I'm broke this month.
근데 말이야, 이번 달에 나 돈 없어.

Thing is, it's just too much work.
그게 있잖아, 정말 하기 힘든 일이거든.

Thing is, I'm not sure.
그게 있잖아, 확실히 모르겠어.

Thing is, I haven't decided yet.
그게 있잖아, 나 아직 정하지 못했어.

---

broke 돈이 없는
yet 아직
I have no idea. 전혀 모르다.
be not sure 확실히 모르다
can't stand 질색이다, 참을 수 없다

## STEP 2 대화에서 쓰임 확인하기

**들으면서 따라 말해 보세요.**

A Evan's not coming, right?

B I invited him. Is that a problem?

A **Thing is, I can't stand him.**

B Why didn't you tell me?
I had no idea.

**우리말만 보고 영어로 말해 보세요.**

A Evan 안 오는 거 맞지?

B 초대했는데. 그게 문제가 되나?

A **그게 있잖아, 난 걔 질색이야.**

B 왜 말 안 했어? 난 전혀 몰랐어.

## STEP 3 응용 회화 말하기

A **What do you mean** you're staying**?**

B need to

A 여기 있겠다니 그게 무슨 소리야?

B **그게 있잖아, 나 오늘 저녁에 공부해야 돼.**

답 : Thing is, I need to study tonight.

### ~하다니 그게 무슨 소리야?

'그게 무슨 소리야?', '그게 무슨 뜻이야?'라고 할 때는 What do you mean…?을 쓰면 됩니다.

A I don't know.

B **What do you mean** you don't know**?**

A 모르겠어.

B 모르겠**다니 그게 무슨 소리야?**

DAY 086

# I was like, "…"

## 이 생각이 들더라 "~" / 이렇게 말했지 "~"

I was like는 I said나 I thought과 같은 뜻입니다. 원래는 10대들이 자주 사용하는 표현이었는데, 이제는 일반적으로 많이 쓰는 표현이 되었습니다. 어떤 흥미로운 사건을 언급하면서 그 당시에 생각났던 것이나 말을 그대로 전할 때 씁니다.

MP3 들어보기

**STEP 1** 세 번씩 따라하기

☑ ☐ ☐ **I was like, "What?"**
이 생각이 들더라. "뭐라고?"

☐ ☐ ☐ **I was like, "I don't believe this."**
이 생각이 들더라. "이거 믿을 수 없다."

☐ ☐ ☐ **I was like, "No way."**
이렇게 말했지. "절대 안 돼."

☐ ☐ ☐ **I was like, "What do you mean?"**
이렇게 물었지. "그게 무슨 뜻이야?"

☐ ☐ ☐ **I was like, "Really?"**
이렇게 말했지. "정말?"

---

No way. 절대 안 돼.
No can do. 그건 안 돼.
get one's license 면허증을 따다

## STEP 2 대화에서 쓰임 확인하기

**들으면서 따라 말해 보세요.**

A Vince wanted to borrow my car.

B Really? **So what happened?**

A **I was like, "No can do."**
He just got his license, you know?

B And you just bought your car.

**우리말만 보고 영어로 말해 보세요.**

A Vince가 내 차를 빌리려고 한 거 있지.

B 그래? 그래서 어떻게 됐어?

A **이렇게 말했지. "그건 안 돼."** 걔 이제 막 면허증 땄잖아, 알지?

B 그리고 넌 이제 막 차를 산 거고.

## STEP 3 응용 회화 말하기

A That's an awesome present!

B I know.

A 그거 진짜 멋진 선물이다!

B 그러니까. **이 생각이 들더라. "고마워, 아빠!"**

답 : I was like, "Thanks, Dad!"

**이건 뭐라고 말할까?**

### 그래서 어떻게 됐어?

상대가 언급한 사건 후에 일이 어떻게 진행됐는지 궁금하다면
So what happened?라고 물어보세요.

A **So what happened?**

B Nothing happened. I left.

A 그래서 어떻게 됐어?

B 아무 일 없었어. 난 나왔어.

# Chances are,...

## 아마 ~할 거야 / ~할 가능성이 높아

어떤 일에 대해 자신이 예상하는 결과나 가능성을 제시할 때 씁니다. 뒤에 '주어+동사'를 붙여서 과거나 현재, 미래의 일에 대해 말하면 되죠.

MP3 들어보기

### STEP 1 세 번씩 따라하기

☑ ☐ ☐ **Chances are,** it was Steve.
아마 Steve였을 거야.

☐ ☐ ☐ **Chances are,** there's no class tomorrow.
아마 내일 수업 없을 거야.

☐ ☐ ☐ **Chances are,** Kevin's home by now.
아마 Kevin은 지금쯤은 집에 있을 거야.

☐ ☐ ☐ **Chances are,** it's gonna rain.
비가 올 가능성이 높아.

☐ ☐ ☐ **Chances are,** the bus already left.
이미 버스가 떠났을 가능성이 높아.

---

there is no class 수업이 없다
show 나타나다
by now 지금쯤은
run late 지연되다, 늦다

## STEP 2 대화에서 쓰임 확인하기

**들으면서 따라 말해 보세요.**

A You think she'll show?

B Who? Jane?

A Yeah. I hope she's coming.

B **Chances are, she's just running late.**
**Give** her **a call.**

**우리말만 보고 영어로 말해 보세요.**

A 걔 올 거 같아?

B 누구? Jane?

A 응. 왔으면 좋겠다.

B **아마 좀 늦는 걸 거야.** 전화해 봐.

## STEP 3 응용 회화 말하기

A Who do you think will win?

B

A 누가 이길 것 같아?

B **Helen Lee가 이길 가능성이 높아.**

답 : Chances are, Helen Lee will win.

**~에게 전화해 봐**

'전화해'가 Call…이라면 '한번 전화해 봐'라고 할 때는 Give… a call이 적절합니다.

A **Give** Lynn **a call.** She'd like that.

B I'll call her tomorrow.

A Lynn**한테 한번 전화해 봐.** 좋아할 거야.

B 내일 전화할게.

DAY 088

# What are you,...?

## 네가 뭐 ~냐?

어떤 분야의 전문가도 아니면서 아는 척하거나 조언을 할 때, 또는 나이나 위치에 걸맞지 않은 돌발 행동을 할 때 상대를 살짝 놀리거나 가볍게 책망하면서 이렇게 말할 수 있습니다. 뒤에는 형용사나 명사가 붙습니다.

MP3 들어보기

**STEP 1** 세 번씩 따라하기

☑ □ □ **What are you, Romeo or something?**
네가 뭐 로미오라도 되냐?

□ □ □ **What are you, a doctor?**
네가 뭐 의사냐?

□ □ □ **What are you, Einstein?**
네가 무슨 아인슈타인이냐?

□ □ □ **What are you, the President?**
네가 뭐 대통령이냐?

□ □ □ **What are you, my mother?**
네가 뭐 우리 엄마냐?

---

get off ~에서 내리다
sound (like) fun 재미있게 들리다
split 나누다
build a sandcastle 모래성을 만들다
though 그렇지만

## STEP 2 대화에서 쓰임 확인하기

**들으면서 따라 말해 보세요.**

A Look, look. I can fly.

B **What are you, a witch or something?**

A Yeah. But a good witch.

B Okay, Hermione. Get off the broom.

**우리말만 보고 영어로 말해 보세요.**

A 봐, 봐. 나 날 수 있어.

B **네가 뭐 마녀라도 되냐?**

A 응. 하지만 착한 마녀.

B 알았어, 헤르미온느. 빗자루에서 내려와.

## STEP 3 응용 회화 말하기

A **Anyone want to** build a sandcastle**?**

B

It does sound fun, though.

A 모래성 만들고 싶은 사람?

B **네가 뭐 다섯 살이냐?** 재미는 있을 것 같지만.

답 : What are you, five?

### ~하고 싶은 사람?

'~하고 싶은 사람?'이라고 물을 때 Does anyone want to…?에서 Does를 생략하고 Anyone want to…?라고 해도 됩니다.

A **Anyone want to** split a pizza**?**

B Me! Let's order the large size.

A 피자 나눠 먹**고 싶은 사람?**

B 나! 큰 거로 주문하자.

# For your information,...

## 몰라서 그런 것 같은데 ~

'참고로', '네가 몰라서 그런 것 같은데'라는 뜻으로, 상대가 뭔가 오해하고 있다고 생각할 때 사실을 알려주는 표현입니다. 확 줄여서 약자 FYI만 쓰기도 합니다. 뒤에는 '주어+동사'가 붙죠.

MP3 들어보기

**STEP 1** 세 번씩 따라하기

☑☐☐ **For your information, that's not my trash.**
몰라서 그런 것 같은데, 그건 내 쓰레기 아냐.

☐☐☐ **For your information, I can swim.**
몰라서 그런 것 같은데, 나 수영할 줄 알아.

☐☐☐ **For your information, I'm done already.**
몰라서 그런 것 같은데, 난 벌써 끝냈어.

☐☐☐ **FYI, Trish is not my friend.**
몰라서 그런 것 같은데, Trish는 내 친구가 아냐.

☐☐☐ **FYI, nothing scares me.**
몰라서 그런 것 같은데, 난 무서운 거 없어.

---

trash 쓰레기
twist 돌리다
enough 충분히
scare 무섭게 하다, 겁주다
cap (병 등의) 뚜껑

## STEP 2 대화에서 쓰임 확인하기

**들으면서 따라 말해 보세요.**

A How do you open this thing?

B Twist it. The cap.

A **For your information, I did try twisting it.**

B Then you're not doing it hard enough.

**우리말만 보고 영어로 말해 보세요.**

A 이거 어떻게 여는데?

B 돌려. 뚜껑을.

A **몰라서 그런 것 같은데, 이미 돌려 봤거든.**

B 그럼 충분히 세게 하지 않아서 그래.

## STEP 3 응용 회화 말하기

A **You don't like** Korean food**?**

B ______________________ A lot.

A 한국 음식 안 좋아해?

B **몰라서 그런 것 같은데, 나 한국 음식 좋아해.** 아주 많이. 답 : FYI, I like Korean food.

### 너 ~ 안 좋아해?

상대에게 뭔가를 안 좋아하는지 물어볼 때는 You don't like...?라고 하면 됩니다.
'주어+동사' 어순이지만 끝을 올려 읽으면 의문문이 되죠.

A **You don't like** jazz**?**

B What're you talking about? I love jazz.

A 재즈 **안 좋아해?**

B 무슨 말이야? 재즈 아주 좋아해.

저자강의를
들어보세요

# Unit 14

# 뒤에 붙이기만 하면 끝!


| | | |
|---|---|---|
| DAY 090 | ..., that's all. | 그냥 ~해서 그래 / 그냥 ~하는 것뿐이야 |
| DAY 091 | ..., by any chance? | 혹시 ~이야? |
| DAY 092 | ..., or something. | ~인가 그런가 봐 |
| DAY 093 | ...is your best bet. | ~이 최선이야 |

DAY 090

# ..., that's all.

## 그냥 ~해서 그래 / 그냥 ~하는 것뿐이야

상대가 내가 한 말이나 행동의 의도에 대해 궁금해할 때 간단한 이유라면 이 표현을 써서 대답하면 됩니다. 전하고 싶은 내용을 먼저 말한 다음 뒤에 that's all을 붙입니다.

MP3 들어보기

**STEP 1** 세 번씩 따라하기

☑ ☐ ☐ **I'm curious, that's all.**
그냥 궁금해서 그래.

☐ ☐ ☐ **I just got up, that's all.**
그냥 방금 일어나서 그래.

☐ ☐ ☐ **The blue one looks better, that's all.**
그냥 청색이 더 나아 보여서 그래.

☐ ☐ ☐ **You look beat, that's all.**
그냥 너 피곤해 보여서 그래.

☐ ☐ ☐ **Just checking, that's all.**
그냥 확인하는 것뿐이야.

---

just got up 방금 일어났다
put on 입다
be all smiles 계속 미소 짓다, 즐거워 보이다
look beat 피곤해 보이다
come down with (감기 등에) 걸리다

## STEP 2 대화에서 쓰임 확인하기

**들으면서 따라 말해 보세요.**

A Why are you putting on a sweater?

B Why not?

A **It's really warm out, that's all.**

B Well, **I'm kind of** cold.
Maybe I'm coming down with a cold.

**우리말만 보고 영어로 말해 보세요.**

A 스웨터는 왜 입냐?

B 왜 안 돼?

A **그냥 밖이 아주 따듯하길래 그래.**

B 아, 난 좀 추워. 감기가 오려나 봐.

## STEP 3 응용 회화 말하기

A You're all smiles today.

B

A 너 오늘 계속 미소를 짓고 있네.

B **그냥 오늘 기분이 정말 좋아서 그래.**

답 : I'm really happy today, that's all.

### 좀 ~해

내가 현재 다소 느끼는 감정을 표현할 때는 I'm kind of...를 써서 말해 보세요.

A **I'm kind of** bored.

B Then let's watch some sports on TV.

A 좀 **따분한**데.

B 그럼 TV로 스포츠 좀 보자.

# ..., by any chance?

## 혹시 ~이야?

by any chance는 '혹시라도'의 의미로, 질문의 의미를 더 강조해 줍니다. 보통 by any chance를 문장 끝에 붙이는데, 가끔 문장 앞이나 중간에 오기도 합니다.

MP3 들어보기

**STEP 1** 세 번씩 따라하기

☑ ☐ ☐ **Are you headed to school, by any chance?**
혹시 학교 가는 길이야?

☐ ☐ ☐ **Is Fred there, by any chance?**
혹시 Fred 거기 있어?

☐ ☐ ☐ **You got any mints, by any chance?**
혹시 민트 좀 있어?

☐ ☐ ☐ **Did you by any chance see my notebook?**
혹시 내 공책 보지 않았어?

☐ ☐ ☐ **By any chance, was that you singing earlier?**
혹시 아까 노래 부른 사람 너야?

---

head to ~로 향하다
earlier 아까
Do you speak...? (~ 언어를) 할 줄 아니?
notebook 노트, 공책
be mad at ~에게 화나다
be about to 막 ~하려는 참이다

## STEP 2 대화에서 쓰임 확인하기

**들으면서 따라 말해 보세요.**

A Hey, Charlie. **You didn't** see me**?**

B I did.

A **Are you mad at me, by any chance?**

B Mad at you?
Why would I be mad at you?

**우리말만 보고 영어로 말해 보세요.**

A 야, Charlie. 나 못 봤어?

B 봤어.

A **혹시 나한테 화났냐?**

B 너한테 화나? 내가 왜 너한테 화가 나?

## STEP 3 응용 회화 말하기

A

B I speak a little.

A **혹시 영어 할 줄 아세요?**

B 조금 합니다.

답 : Do you speak English, by any chance?

### 너 ~ 안 했어?

상대가 뭐를 안 했는지 확인할 때 You didn't…?이라고 물어보면 됩니다.
평서문 형태이지만 끝을 올려 읽으면 의문문이 되죠.

A **You didn't** eat yet**?**

B No. But I'm about to.

A 아직 밥 **안** 먹었**어?**

B 응. 근데 이제 막 먹으려고.

DAY 092

# ..., or something.

## ~인가 그런가 봐

확실하지 않은 명칭이나 뭔가를 대충 말할 때 씁니다. 더 길게 or something like that이라고 하기도 하죠. 짐작하는 내용을 일단 말한 후 or something을 뒤에 붙입니다.

**STEP 1** 세 번씩 따라하기

☑ ☐ ☐ **Ben's got class, or something.**
Ben이 수업이 있나 그런가 봐.

☐ ☐ ☐ **It's in Italy, or something.**
이탈리아에 있는가 그런가 봐.

☐ ☐ ☐ **He's sleeping, or something.**
걔 자는가 그런가 봐.

☐ ☐ ☐ **She's rich, or something.**
그 여자 부자인가 그런가 봐.

☐ ☐ ☐ **They're an item, or something.**
걔들 연애하나 그런가 봐.

---

got class 수업이 있다
owe 빚지다
the final score 최종 득점
an item 사귀는 사이
be not sure 확실하지 않다, 모르겠다
A to B A 대 B

## STEP 2 대화에서 쓰임 확인하기

**들으면서 따라 말해 보세요.**

A How much do I owe you?

B **Don't worry about it.**

A No, no. I want to pay you. How much?

B **It was ten bucks, or something.**
I'm not sure.

**우리말만 보고 영어로 말해 보세요.**

A 얼마 주면 돼?

B 괜찮아.

A 아냐, 아냐. 돈 주고 싶어. 얼마야?

B **10달러인가 그런가 봐.** 잘 모르겠다.

## STEP 3 응용 회화 말하기

A We won? What was the final score?

B

A 우리 팀이 이겼어? 최종 득점이 뭐였어?

B **5 대 4인가 그런가 봐.**

답 : Five to four, or something.

### 괜찮아 / 걱정하지 마

영어에는 '괜찮아'라는 표현이 It's okay. 외에도 여러 가지가 있습니다.
'걱정하지 마'라는 의미로 '괜찮아'라고 할 때는 Don't worry about it.이라고 해 보세요.

A Did I hit you? Sorry.

B **Don't worry about it.**

A 내가 너 때렸어? 미안.

B 괜찮아.

# ...is your best bet.

## ~이 최선이야

best bet은 가장 좋거나 확실하거나, 또는 안전한 방법을 뜻합니다. 명사나 동명사로 해당 방법을 먼저 언급한 다음에 뒤에 is your best bet을 붙이면 됩니다.

MP3 들어보기

**STEP 1** 세 번씩 따라하기

☑ □ □ **Right now, the subway is your best bet.**
지금은 지하철이 최선이야.

□ □ □ **A coffee shop is always your best bet.**
커피숍이 항상 최선이야.

□ □ □ **Apologizing is your best bet.**
사과하는 게 최선이야.

□ □ □ **Meeting face to face is your best bet.**
직접 만나는 게 최선이야.

□ □ □ **At this point, going to Busan is your best bet.**
이 시점에서는 부산으로 가는 게 최선이야.

---

best bet 최선, 확실한 수단
apologize 사과하다
visit from ~에서 방문 오다
at this point 이 시점에서, 현 시점에서
meet face to face 직접 만나다, 대면하다

## STEP 2 대화에서 쓰임 확인하기

**들으면서 따라 말해 보세요.**

A You got friends visiting from Busan?

B Three friends.
I don't know where to go for dinner though.

A **A Chinese place is your best bet.**

B That's not a bad idea.

**우리말만 보고 영어로 말해 보세요.**

A 친구들이 부산에서 찾아왔지?

B 친구 세 명. 근데 저녁 먹으러 어디 갈지 모르겠어.

A **중국집이 최선이야.**

B 괜찮은 생각이다.

## STEP 3 응용 회화 말하기

A **What should I** wear**?**

B

A 뭐 입지?

B **양복이 최선이야.**

답 : A suit is your best bet.

### 뭐를 ~하지?

좋은 선택에 대해 조언을 구할 때 What should I…?라고 하면 됩니다.

A **What should I** cook tonight**?**

B How about ramyeon?

A 오늘 저녁 **뭘** 만들**지?**

B 라면 어때?

저자강의를
들어보세요

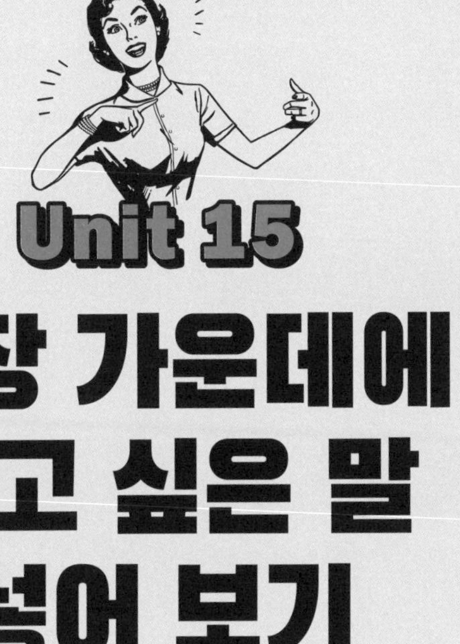

# Unit 15

# 문장 가운데에 하고 싶은 말 넣어 보기


| | |
|---|---|
| DAY 094 | You're…, maybe. (너) ~한 것일 수도 있어 |
| DAY 095 | That's… for you. ~은 원래 그래 |
| DAY 096 | Some… you got there. 그 ~ 정말 멋진데 |
| DAY 097 | Why… is beyond me. 왜 ~하는지 알 수가 없네 |
| DAY 098 | How does… sound? ~ 어때? |
| DAY 099 | How… is that? 얼마나 ~하냐? |
| DAY 100 | Just…, will ya? ~ 좀 해라, 응? |

# You're..., maybe.

## (너) ~한 것일 수도 있어

상대가 자신이 느끼는 것이나 상태를 정의하지 못하는 경우 그 이유를 추측해 보며 이렇게 말할 수 있습니다. 확실치는 않지만 추측하는 것을 You're와 maybe 사이에 형용사구로 넣으면 됩니다.

MP3 들어보기

**STEP 1** 세 번씩 따라하기

☑ ☐ ☐ **You're sad about the game, maybe.**
너 게임 때문에 슬픈 것일 수도 있어.

☐ ☐ ☐ **You're just happy, maybe.**
너 그냥 기분 좋은 것일 수도 있어.

☐ ☐ ☐ **You're too tired, maybe.**
너무 피곤한 것일 수도 있어.

☐ ☐ ☐ **You're a little depressed, maybe.**
좀 우울한 것일 수도 있어.

☐ ☐ ☐ **You're not convinced, maybe.**
확신이 안 가는 것일 수도 있어.

---

convinced 확신하는
get enough sleep 충분한 수면을 취하다
lose weight 살을 빼다
yawn 하품하다
all of a sudden 갑자기
spacy 멍한

## STEP 2 대화에서 쓰임 확인하기

**들으면서 따라 말해 보세요.**

A **You keep** yawn**ing**.

B I'm tired all the time.
I don't know why.

A **You're not getting enough sleep, maybe.**

B Maybe that's it.

**우리말만 보고 영어로 말해 보세요.**

A 계속 하품하네.

B 늘 피곤해. 왠지 모르겠어.

A **잠을 충분히 못 자는 것일 수도 있어.**

B 그럴 수도 있겠다.

## STEP 3 응용 회화 말하기

A My pants feel too big all of a sudden.

B

A 내 바지가 갑자기 너무 큰 것 같아.

B **살이 빠지고 있는 것일 수도 있어.**

답 : You're losing weight, maybe.

### 너 계속 ~하네

상대가 뭔가를 반복해서 할 때 You keep -ing로 표현합니다.

A **You keep** repeat**ing** yourself.

B Sorry. I'm just spacy.

A **계속** 같은 말을 되풀이**하네.**

B 미안. 좀 멍해서 그래.

# That's... for you.

## ~은 원래 그래

for you를 보고 '당신을 위한 것'이라고 해석하기 쉽지만, 실은 '어련하겠냐', '원래 그래'라는 뜻입니다. 여기서 you는 '일반 사람'을 가리키죠. That's와 for you 사이에는 명사를 넣으면 됩니다.

MP3 들어보기

**STEP 1** 세 번씩 따라하기

☑ ☐ ☐ **That's college for you.**
대학은 원래 그래.

☐ ☐ ☐ **That's life for you.**
인생은 원래 그래.

☐ ☐ ☐ **That's John for you.**
John은 원래 그래.

☐ ☐ ☐ **That's men for you.**
남자는 원래 그래.

☐ ☐ ☐ **That's the government for you.**
정부는 원래 그래.

---

the government 정부
Dang it. 젠장.
come with ~와 함께 가다
this stuff 이거

## STEP 2 대화에서 쓰임 확인하기

**들으면서 따라 말해 보세요.**

A Isn't Yeong-ho coming with us?

B Nope. He's with his girlfriend.

A Again? We're his friends, dang it.

B **That's romance for you.**

**우리말만 보고 영어로 말해 보세요.**

A 영호는 우리랑 같이 안 가?

B 안 가. 여자친구하고 있어.

A 또? 우린 걔 친구잖아, 진짜.

B **로맨스는 원래 그래.**

## STEP 3 응용 회화 말하기

A **This stuff is** really good but it's spicy.

B

Drink some water.

A 이거 정말 맛있는데 맵다.

B **김치는 원래 그래.** 물 좀 마셔.

답 : That's kimchi for you.

### 이거 ~한데

This stuff is... 표현을 이용해서 처음 접하는 뭔가의 특징을 말해 보세요.

A **This stuff is** really pretty.

B And expensive, too.

A **이거** 정말 예쁜데.

B 그리고 비싸기도 하지.

# Some... you got there.

## 그 ~ 정말 멋진데

여기서 some은 '멋진' 또는 '대단한'이란 의미입니다. 매우 캐주얼하고 관용적인 표현으로, 중간에 단어를 보통 하나만 넣거나 많으면 두 개를 넣을 수도 있습니다. 앞에 That is를 붙이기도 합니다.

MP3 들어보기

**STEP 1** 세 번씩 따라하기

☑☐☐ **Some condo you got there.**
그 콘도 정말 멋진데.

☐☐☐ **Some dog you got there.**
그 개 정말 멋진데.

☐☐☐ **Some phone you got there.**
그 폰 정말 멋진데.

☐☐☐ **Some setup you got there.**
그 장비 정말 멋진데.

☐☐☐ **Some car you got there.**
그 자동차 정말 멋진데.

---

setup 장비, 장치
cost a fortune 돈이 많이 들다
my place 내 집
waterproof 방수의

## STEP 2 대화에서 쓰임 확인하기

**들으면서 따라 말해 보세요.**

A So this is my place.

B Whoa. **Some TV you got there.**

A **Yeah, right?** Bought it last month.

B It must've cost you a fortune.

**우리말만 보고 영어로 말해 보세요.**

A 자, 이게 내 집이야.

B 와. **그 TV 정말 멋진데.**

A 그래, 맞지? 저번 달에 샀어.

B 말도 못하게 비쌌겠다.

## STEP 3 응용 회화 말하기

A

B Thanks. It's waterproof, too.

A **그 배낭 정말 멋진데.**

B 고마워. 방수도 돼.

답 : Some backpack you got there.

### 그래, 맞지?

상대가 말한 것에 대해 완전히 동의할 때 Yeah, right?이라고 하면 됩니다. I know, right?이라고 해도 같은 뜻이죠.

A The food's really good here.

B **Yeah, right?**

A 여기 음식 정말 맛있다.

B 그래, 맞지?

DAY 097

# Why... is beyond me.

## 왜 ~하는지 알 수가 없네

beyond는 뭔가가 한계를 넘어서는 것을 뜻합니다. 어떤 상황이 자신이 이해할 수 있는 범위를 넘었기에 beyond me가 되는 것이죠. 중간에는 '주어+동사'가 들어갑니다.

**STEP 1** 세 번씩 따라하기

☑☐☐ **Why I'm so hungry is beyond me.**
배가 **왜** 이렇게 고픈**지 알 수가 없네.**

☐☐☐ **Why people do that is beyond me.**
사람들이 **왜** 그러**는지 알 수가 없네.**

☐☐☐ **Why he keeps calling me is beyond me.**
그 사람이 **왜** 계속 전화**하는지 알 수가 없네.**

☐☐☐ **Why Jack likes Jill is beyond me.**
Jack이 Jill을 **왜** 좋아**하는지 알 수가 없네.**

☐☐☐ **Why the CEO quit is beyond me.**
CEO가 **왜** 그만뒀**는지 알 수가 없네.**

---

keep calling 계속 전화하다
No kidding. 그러게 말이야.
highway 고속도로

## STEP 2 대화에서 쓰임 확인하기

**들으면서 따라 말해 보세요.**

A Where are you?

B I'm still on the highway.

A What? Still?

B Yeah. **Why the traffic is so bad is beyond me.**

**우리말만 보고 영어로 말해 보세요.**

A 어디야?

B 아직 고속도로야.

A 뭐? 아직도?

B 응. **차가 왜 이렇게 막히는지 알 수가 없네.**

## STEP 3 응용 회화 말하기

A **Can you believe** this**?**

B No kidding.

A 이거 믿어져?

B 그러니까. **비가 왜 아직도 오는지 알 수가 없네.**

답 : Why it's still raining is beyond me.

**~ 믿어져?**

Can you believe...? 뒤에 믿기 어려운 내용을 붙여 말해 보세요.

A **Can you believe** he said that**?**

B He was probably just angry.

A 걔가 그렇게 말한 게 **믿어져?**

B 아마 그냥 화나서 그랬을 거야.

# How does... sound?

## ~ 어때?

이 표현은 어떤 소리를 내는지 묻는 게 아니라 제안하는 의미입니다. 그 제안이 어떻게 들리는지, 즉 어떻게 생각하는지 묻는 것이죠. 중간에는 음식이나 음료, 장소, 날짜나 시간 등 자신이 제안하는 '그것'을 명사로 넣으면 됩니다.

MP3 듣어보기

### STEP 1 세 번씩 따라하기

☑☐☐ **How does that sound?**
그거 어때?

☐☐☐ **How does tomorrow sound?**
내일 어때?

☐☐☐ **How does coffee sound?**
커피 어때?

☐☐☐ **How does a concert sound?**
콘서트 어때?

☐☐☐ **How does dinner and a movie sound?**
저녁 식사와 영화 어때?

---

dinner and a movie 저녁 식사와 영화
Whatever. 상관없어.
take both 둘 다 챙기다
someplace new 새로운 곳
stay in 집에 있다, 나가지 않다

## STEP 2 대화에서 쓰임 확인하기

**들으면서 따라 말해 보세요.**

A So Hongdae? **Or maybe** someplace new**?**

B I don't know. Whatever.

A **How does just staying in sound?**

B Let's just do that.

**우리말만 보고 영어로 말해 보세요.**

A 그럼 홍대? 아니면 새로운 데?

B 모르겠어. 상관없어.

A **그냥 집에 있는 게 어때?**

B 그냥 그렇게 하자.

## STEP 3 응용 회화 말하기

A

B Okay. I'll be there.

A **2시 어때요?**

B 좋아요. 거기서 봐요.

답 : How does 2 o'clock sound?

### 아니면 ~?

앞서 얘기한 것 외에 새로운 제안을 할 때 Or maybe…?를 쓰면 됩니다.

**A** You want that one? **Or maybe** this one**?**
**B** I'll take both.

**A** 저걸로 할래? **아니면** 이걸로**?**
**B** 두 개 다 할게.

# How... is that?

## 얼마나 ~하냐?

극도로 좋거나 나쁜 것을 언급할 때 쓰는 표현입니다. 감탄하거나 우울한 마음으로 말을 하는 것이죠. '얼마나 ~하냐?'는 건 '정말 ~하다'로도 해석할 수 있습니다. 표현 중간에 형용사만 넣으면 됩니다.

MP3 들어보기

**STEP 1 세 번씩 따라하기**

☑ ☐ ☐ **How cool is that?**
얼마나 멋지냐?

☐ ☐ ☐ **How dumb is that?**
얼마나 바보 같냐?

☐ ☐ ☐ **How sad is that?**
얼마나 슬프냐?

☐ ☐ ☐ **How awful is that?**
얼마나 끔찍하냐?

☐ ☐ ☐ **How funny is that?**
얼마나 웃기냐?

---

awful 끔찍한
sleek 세련된
super 정말, 매우
real 정말
innovative 혁신적인
there is class 수업이 있다

## STEP 2 대화에서 쓰임 확인하기

**들으면서 따라 말해 보세요.**

A Nice phone! Real sleek.

B It's got a lot of cool features. Look.

A Wow. **I can't believe** it can do that.

B Right? **How innovative is that?**

**우리말만 보고 영어로 말해 보세요.**

A 전화기 멋지다! 정말 세련됐다.

B 멋진 기능도 많아. 이거 봐.

A 와. 그런 게 되다니 대단하다.

B 그치? **얼마나 혁신적이냐?**

## STEP 3 응용 회화 말하기

A

B Yeah. It is super fun.

A **얼마나 재미있냐?**

B 그래. 정말 재미있다.

답 : How fun is that?

**이건 뭐라고 말할까?**

### ~하다니 대단하다

I can't believe...는 '~하다니 믿기 어렵다', '~하다니 정말 대단하다'라는 뜻입니다. 뒤에 오는 내용이 좋은 내용일 수도 있고 안 좋은 내용일 수도 있습니다.

A **I can't believe** there's class tomorrow.

B You sure? It's a holiday.

A 내일 수업이 있**다니 대단하다.**

B 확실해? 휴일인데.

# Just..., will ya?

## ~ 좀 해라, 응?

잔뜩 짜증이 났을 때 상대의 행동을 참을 수가 없어서 뭘 좀 해 달라고 단도직입적으로 요구하는 표현입니다. ya는 비격식적으로 you를 뜻합니다. 표현 중간에는 동사(구)를 넣으면 됩니다.

MP3 들어보기

### STEP 1 세 번씩 따라하기

☑ □ □ **Just quit it, will ya?**
그만 좀 해라, 응?

□ □ □ **Just zip it, will ya?**
입 좀 다물어라, 응?

□ □ □ **Just tell me, will ya?**
말 좀 해 줘라, 응?

□ □ □ **Just drive, will ya?**
운전이나 좀 해라, 응?

□ □ □ **Just leave me alone, will ya?**
나 좀 내버려 둬라, 응?

---

zip it 조용히 하다
asleep 잠든, 자고 있는
be all set 준비가 다 되다
leave ~ alone ~을 그냥 내버려 두다
hurry up 서두르다

## STEP 2 대화에서 쓰임 확인하기

**들으면서 따라 말해 보세요.**

**A** Are you asleep?

**B** I was. What is it?

**A** I can't sleep.

**B** **Just go to sleep, will ya?**
**We gotta** get up early.

**우리말만 보고 영어로 말해 보세요.**

**A** 자니?

**B** 그랬었지. 왜 그래?

**A** 잠이 안 와.

**B** **잠 좀 자라, 응?** 우리 일찍 일어나야 되잖아.

## STEP 3 응용 회화 말하기

**A** Should I get the shrimp? Pasta? The steak?

**B**

**A** 새우로 할까? 파스타? 스테이크?

**B** **아무거나 좀 골라라, 응?**

답 : Just choose something, will ya?

### 우리 ~해야 돼

'우리 ~해야 돼'라고 할 때는 We gotta…라고 하면 됩니다.
일상 회화에서는 We have to…보다 자주 쓰는 편입니다.

**A** Hurry up. **We gotta** go.

**B** I'm all set.

**A** 서둘러. **우리 가야 돼.**

**B** 나 다 됐어.